1

2025

MY RACING JOURNAL

ÉDITION : BOD · BOOKS ON DEMAND GMBH, IN DE TARPEN 42,
22848 NORDERSTEDT (ALLEMAGNE)
IMPRESSION : LIBRI PLUREOS GMBH, FRIEDENSALLEE 273,
22763 (ALLEMAGNE)
ISBN : 978-2-3224-7873-6
DÉPÔT LÉGAL : NOVEMBRE 2024

SAISON 2025

PRÉSENTATION MONOPLACES

ÉCURIES	NOTE /10

PRÉSENTATION MONOPLACES

ÉCURIES	NOTE /10

MES PRÉDICTIONS

LE CHAMPION DU MONDE SERA... EXACT ?

L'ÉCURIE CHAMPIONNE DU MONDE SERA...

LE PILOTE AVEC LE PLUS DE POINTS SERA...

L'ÉCURIE AVEC LE MOINS DE POINTS SERA...

LE PILOTE AVEC LE PLUS DE POLE POSITIONS SERA...

LE MEILLEUR GRAND-PRIX SERA...

MES PRÉDICTIONS

LE PILOTE AVEC LE PLUS DE DNF SERA...

EXACT ?

L'ÉCURIE AVEC LE PLUS DE DNF SERA...

....

....

....

....

CALENDRIER

#1

#2

#3

#4

#5

#6

#7

#8

#9

#10

#11

#12

CALENDRIER

#13

#14

#15

#16

#17

#18

#19

#20

#21

#22

#23

#24

ÉCURIE 1

ANNÉE DU PREMIER GRAND-PRIX :

NATIONALITÉ:

DIRECTEUR:

DIRECTEUR TECHNIQUE:

GRAND-PRIX: # VICTOIRES: # CHAMPIONNATS:

PILOTE 1	PILOTE 2
NOM:	NOM:
PAYS:	PAYS:
AGE:	AGE:
# GRAND-PRIX:	# GRAND-PRIX:
# VICTOIRES:	# VICTOIRES:
# CHAMPIONNATS:	# CHAMPIONNATS:

PILOTE RÉSERVE:

COÉQUIPIERS

QUALI.	COURSE		QUALI.	COURSE
		1		
		2		
		3		
		4		
		5		
		6		
		7		
		8		
		9		
		10		
		11		
		12		
		13		
		14		
		15		
		16		
		17		
		18		
		19		
		20		
		21		
		22		
		23		
		24		

ÉCURIE 2

ANNÉE DU PREMIER GRAND-PRIX :

NATIONALITÉ:

DIRECTEUR:

DIRECTEUR TECHNIQUE:

GRAND-PRIX: # VICTOIRES: # CHAMPIONNATS:

PILOTE 1	PILOTE 2
NOM:	NOM:
PAYS:	PAYS:
AGE:	AGE:
# GRAND-PRIX:	# GRAND-PRIX:
# VICTOIRES:	# VICTOIRES:
# CHAMPIONNATS:	# CHAMPIONNATS:

PILOTE RÉSERVE:

COÉQUIPIERS

QUALI.	COURSE		QUALI.	COURSE
		1		
		2		
		3		
		4		
		5		
		6		
		7		
		8		
		9		
		10		
		11		
		12		
		13		
		14		
		15		
		16		
		17		
		18		
		19		
		20		
		21		
		22		
		23		
		24		

ÉCURIE 3

ANNÉE DU PREMIER GRAND-PRIX :

NATIONALITÉ:

DIRECTEUR:

DIRECTEUR TECHNIQUE:

GRAND-PRIX: # VICTOIRES: # CHAMPIONNATS:

PILOTE 1	PILOTE 2
NOM:	NOM:
PAYS:	PAYS:
AGE:	AGE:
# GRAND-PRIX:	# GRAND-PRIX:
# VICTOIRES:	# VICTOIRES:
# CHAMPIONNATS:	# CHAMPIONNATS:

PILOTE RÉSERVE:

COÉQUIPIERS

QUALI.	COURSE		QUALI.	COURSE
		1		
		2		
		3		
		4		
		5		
		6		
		7		
		8		
		9		
		10		
		11		
		12		
		13		
		14		
		15		
		16		
		17		
		18		
		19		
		20		
		21		
		22		
		23		
		24		

ÉCURIE 4

ANNÉE DU PREMIER GRAND-PRIX :

NATIONALITÉ:

DIRECTEUR:

DIRECTEUR TECHNIQUE:

GRAND-PRIX: # VICTOIRES: # CHAMPIONNATS:

PILOTE 1	PILOTE 2
NOM:	NOM:
PAYS:	PAYS:
AGE:	AGE:
# GRAND-PRIX:	# GRAND-PRIX:
# VICTOIRES:	# VICTOIRES:
# CHAMPIONNATS:	# CHAMPIONNATS:

PILOTE RÉSERVE:

COÉQUIPIERS

QUALI.	COURSE		QUALI.	COURSE
		1		
		2		
		3		
		4		
		5		
		6		
		7		
		8		
		9		
		10		
		11		
		12		
		13		
		14		
		15		
		16		
		17		
		18		
		19		
		20		
		21		
		22		
		23		
		24		

ÉCURIE 5

ANNÉE DU PREMIER GRAND-PRIX :

NATIONALITÉ:

DIRECTEUR:

DIRECTEUR TECHNIQUE:

GRAND-PRIX: # VICTOIRES: # CHAMPIONNATS:

PILOTE 1	PILOTE 2
NOM:	NOM:
PAYS:	PAYS:
AGE:	AGE:
# GRAND-PRIX:	# GRAND-PRIX:
# VICTOIRES:	# VICTOIRES:
# CHAMPIONNATS:	# CHAMPIONNATS:

PILOTE RÉSERVE:

COÉQUIPIERS

QUALI.	COURSE		QUALI.	COURSE
		1		
		2		
		3		
		4		
		5		
		6		
		7		
		8		
		9		
		10		
		11		
		12		
		13		
		14		
		15		
		16		
		17		
		18		
		19		
		20		
		21		
		22		
		23		
		24		

ÉCURIE 6

ANNÉE DU PREMIER GRAND-PRIX :

NATIONALITÉ:

DIRECTEUR:

DIRECTEUR TECHNIQUE:

GRAND-PRIX: # VICTOIRES: # CHAMPIONNATS:

PILOTE 1	PILOTE 2
NOM:	NOM:
PAYS:	PAYS:
AGE:	AGE:
# GRAND-PRIX:	# GRAND-PRIX:
# VICTOIRES:	# VICTOIRES:
# CHAMPIONNATS:	# CHAMPIONNATS:

PILOTE RÉSERVE:

COÉQUIPIERS

QUALI.	COURSE		QUALI.	COURSE
		1		
		2		
		3		
		4		
		5		
		6		
		7		
		8		
		9		
		10		
		11		
		12		
		13		
		14		
		15		
		16		
		17		
		18		
		19		
		20		
		21		
		22		
		23		
		24		

ÉCURIE 7

ANNÉE DU PREMIER GRAND-PRIX :

NATIONALITÉ:

DIRECTEUR:

DIRECTEUR TECHNIQUE:

GRAND-PRIX: # VICTOIRES: # CHAMPIONNATS:

PILOTE 1	PILOTE 2
NOM:	NOM:
PAYS:	PAYS:
AGE:	AGE:
# GRAND-PRIX:	# GRAND-PRIX:
# VICTOIRES:	# VICTOIRES:
# CHAMPIONNATS:	# CHAMPIONNATS:

PILOTE RÉSERVE:

COÉQUIPIERS

QUALI.	COURSE		QUALI.	COURSE
		1		
		2		
		3		
		4		
		5		
		6		
		7		
		8		
		9		
		10		
		11		
		12		
		13		
		14		
		15		
		16		
		17		
		18		
		19		
		20		
		21		
		22		
		23		
		24		

ÉCURIE 8

ANNÉE DU PREMIER GRAND-PRIX :

NATIONALITÉ:

DIRECTEUR:

DIRECTEUR TECHNIQUE:

GRAND-PRIX: # VICTOIRES: # CHAMPIONNATS:

PILOTE 1

NOM:

PAYS:

AGE:

GRAND-PRIX:

VICTOIRES:

CHAMPIONNATS:

PILOTE 2

NOM:

PAYS:

AGE:

GRAND-PRIX:

VICTOIRES:

CHAMPIONNATS:

PILOTE RÉSERVE:

COÉQUIPIERS

QUALI.	COURSE		QUALI.	COURSE
		1		
		2		
		3		
		4		
		5		
		6		
		7		
		8		
		9		
		10		
		11		
		12		
		13		
		14		
		15		
		16		
		17		
		18		
		19		
		20		
		21		
		22		
		23		
		24		

ÉCURIE 9

ANNÉE DU PREMIER GRAND-PRIX :

NATIONALITÉ:

DIRECTEUR:

DIRECTEUR TECHNIQUE:

GRAND-PRIX: # VICTOIRES: # CHAMPIONNATS:

PILOTE 1

NOM:

PAYS:

AGE:

GRAND-PRIX:

VICTOIRES:

CHAMPIONNATS:

PILOTE 2

NOM:

PAYS:

AGE:

GRAND-PRIX:

VICTOIRES:

CHAMPIONNATS:

PILOTE RÉSERVE:

COÉQUIPIERS

QUALI.	COURSE		QUALI.	COURSE
		1		
		2		
		3		
		4		
		5		
		6		
		7		
		8		
		9		
		10		
		11		
		12		
		13		
		14		
		15		
		16		
		17		
		18		
		19		
		20		
		21		
		22		
		23		
		24		

ÉCURIE 10

ANNÉE DU PREMIER GRAND-PRIX :

NATIONALITÉ:

DIRECTEUR:

DIRECTEUR TECHNIQUE:

GRAND-PRIX: # VICTOIRES: # CHAMPIONNATS:

PILOTE 1	PILOTE 2
NOM:	NOM:
PAYS:	PAYS:
AGE:	AGE:
# GRAND-PRIX:	# GRAND-PRIX:
# VICTOIRES:	# VICTOIRES:
# CHAMPIONNATS:	# CHAMPIONNATS:

PILOTE RÉSERVE:

COÉQUIPIERS

QUALI.	COURSE		QUALI.	COURSE
		1		
		2		
		3		
		4		
		5		
		6		
		7		
		8		
		9		
		10		
		11		
		12		
		13		
		14		
		15		
		16		
		17		
		18		
		19		
		20		
		21		
		22		
		23		
		24		

TESTS

CIRCUIT

MÉTÉO

JOUR 1 | JOUR 2 | JOUR 3

PROGRAMME

JOUR 1

1

2

3

4

5

6

7

8

9

10

11

12

13

14

15

16

17

18

19

20

TESTS

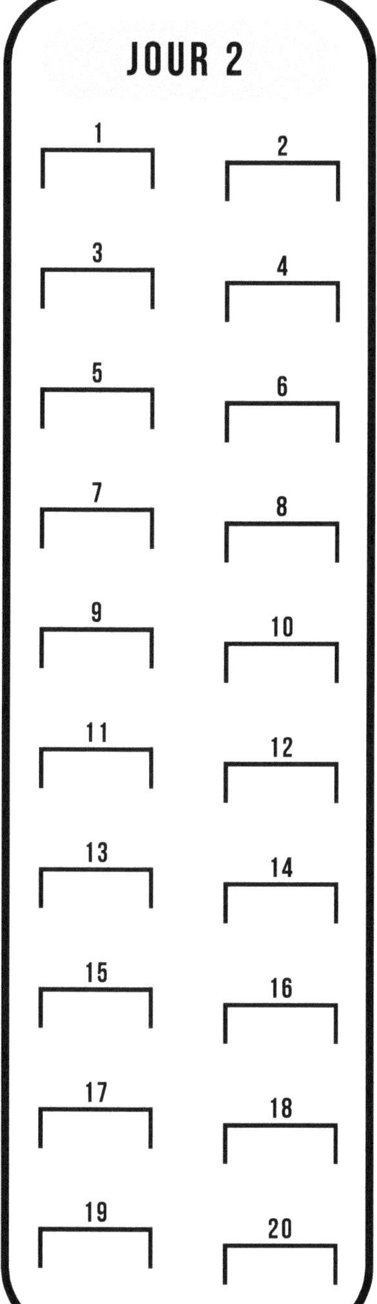
JOUR 2
1
2
3
4
5
6
7
8
9
10
11
12
13
14
15
16
17
18
19
20

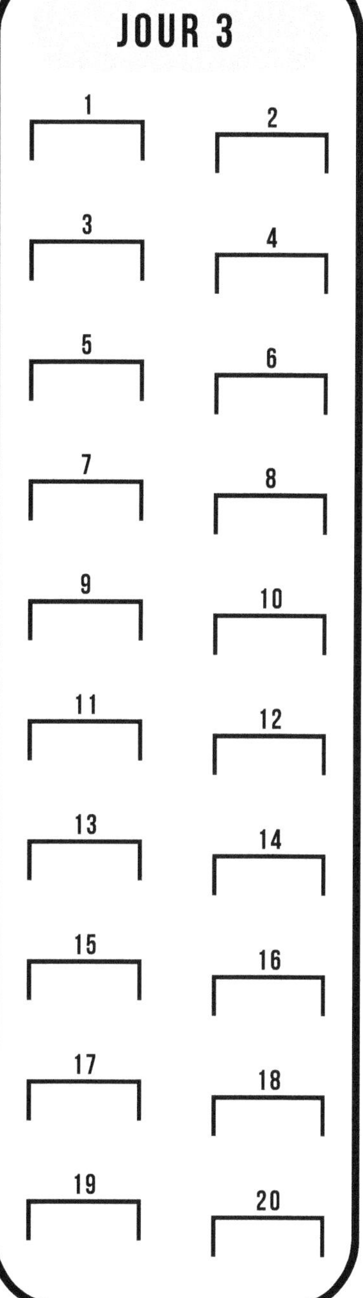
JOUR 3
1
2
3
4
5
6
7
8
9
10
11
12
13
14
15
16
17
18
19
20

GRAND-PRIX 1:

CIRCUIT

INFORMATIONS DU CIRCUIT

ANNÉE PREMIÈRE COURSE

DERNIER VAINQUEUR

PREMIER VAINQUEUR

COURSE

#TOURS:

RECORD DU TOUR

DISTANCE COURSE:

LONGUEUR CIRCUIT:

MÉTÉO

JOUR 1

JOUR 2

JOUR 3

PRÉDICTION PODIUM

1. ....

EXACT ?

2. ....

EXACT ?

3. ....

EXACT ?

QUI AURA LA POLE POSITION ?

....

EXACT ?

COMBIEN DE DNF PENDANT LA COURSE ?

....

EXACT ?

TOTAL

/5

PROGRAMME

PILOTE DU JOUR

MON PILOTE DU JOUR

MOMENTS FORTS DU WEEK-END

ESSAIS 1

1 2

3 4

5 6

7 8

9 10

11 12

13 14

15 16

17 18

19 20

ESSAIS 2
QUALIF. SPRINT

1 2

3 4

5 6

7 8

9 10

11 12

13 14

15 16

17 18

19 20

ESSAIS 3
SPRINT CLASSEMENT

1 | 2
3 | 4
5 | 6
7 | 8
9 | 10
11 | 12
13 | 14
15 | 16
17 | 18
19 | 20

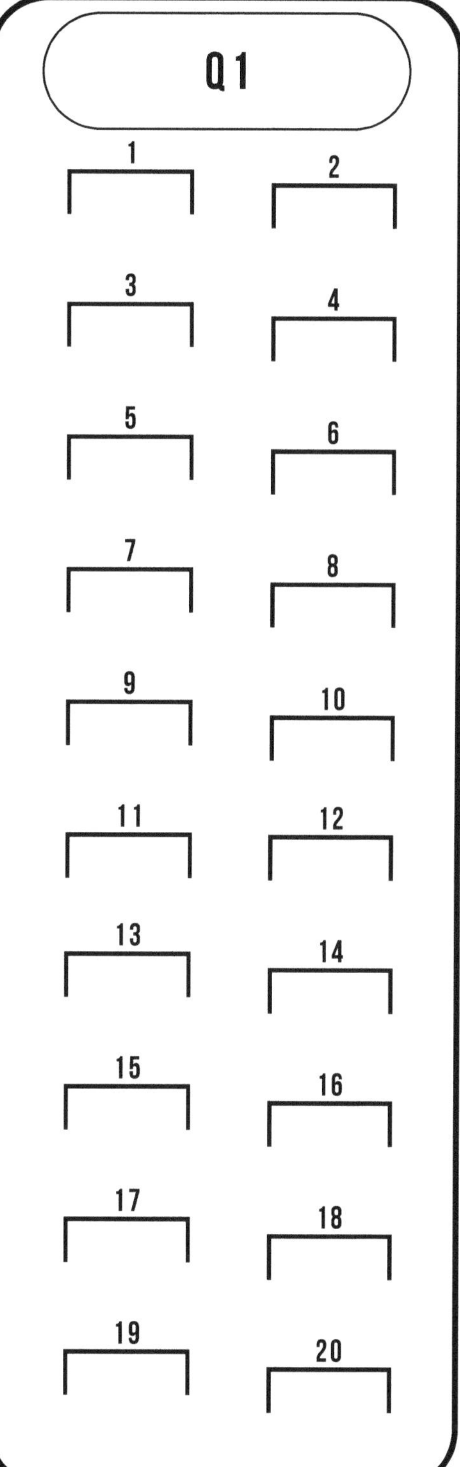

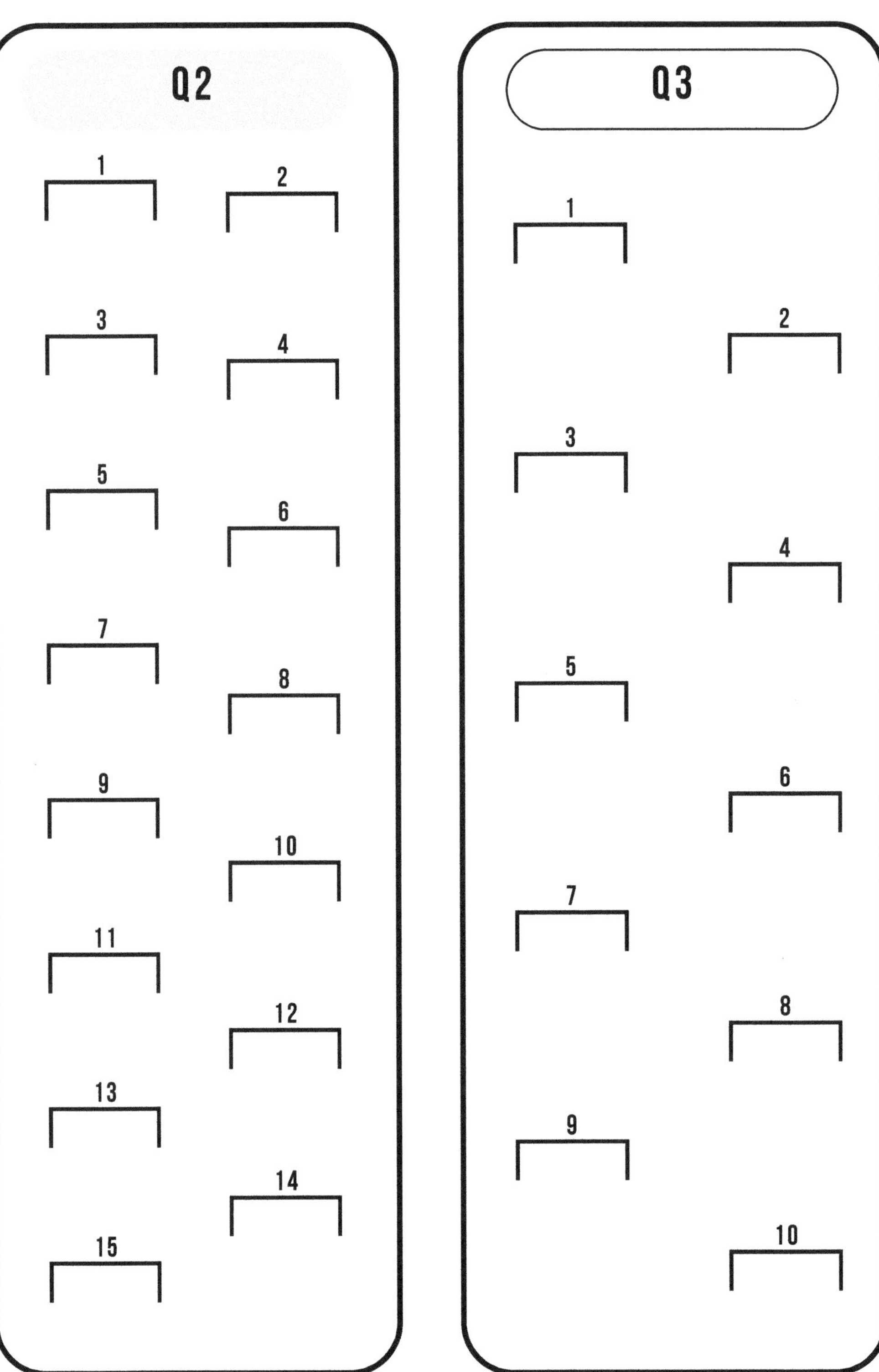
Q2
1
2
3
4
5
6
7
8
9
10
11
12
13
14
15
Q3
1
2
3
4
5
6
7
8
9
10

GRILLE DE DÉPART

1	2
3	4
5	6
7	8
9	10
11	12
13	14
15	16
17	18
19	20

CLASSEMENT

1	2
3	4
5	6
7	8
9	10
11	12
13	14
15	16
17	18
19	20

GRAND-PRIX 2:

CIRCUIT

INFORMATIONS DU CIRCUIT

ANNÉE PREMIÈRE COURSE

DERNIER VAINQUEUR

PREMIER VAINQUEUR

COURSE

#TOURS:

RECORD DU TOUR

DISTANCE COURSE:

LONGUEUR CIRCUIT:

MÉTÉO

JOUR 1

JOUR 2

JOUR 3

PRÉDICTION PODIUM

1. ....

EXACT ?

2. ....

EXACT ?

3. ....

EXACT ?

QUI AURA LA POLE POSITION ?

....

EXACT ?

COMBIEN DE DNF PENDANT LA COURSE ?

....

EXACT ?

TOTAL

/ 5

PROGRAMME

PILOTE DU JOUR

MON PILOTE DU JOUR

MOMENTS FORTS DU WEEK-END

ESSAIS 1

1 2

3 4

5 6

7 8

9 10

11 12

13 14

15 16

17 18

19 20

ESSAIS 2 QUALIF. SPRINT

1 2

3 4

5 6

7 8

9 10

11 12

13 14

15 16

17 18

19 20

ESSAIS 3
SPRINT CLASSEMENT

1 2

3 4

5 6

7 8

9 10

11 12

13 14

15 16

17 18

19 20

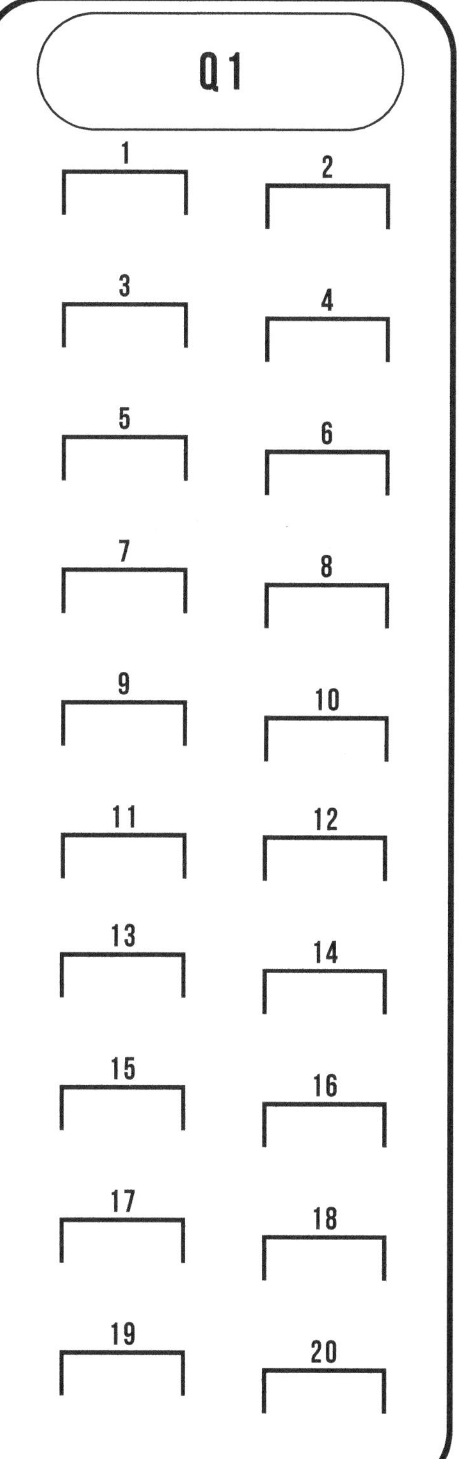

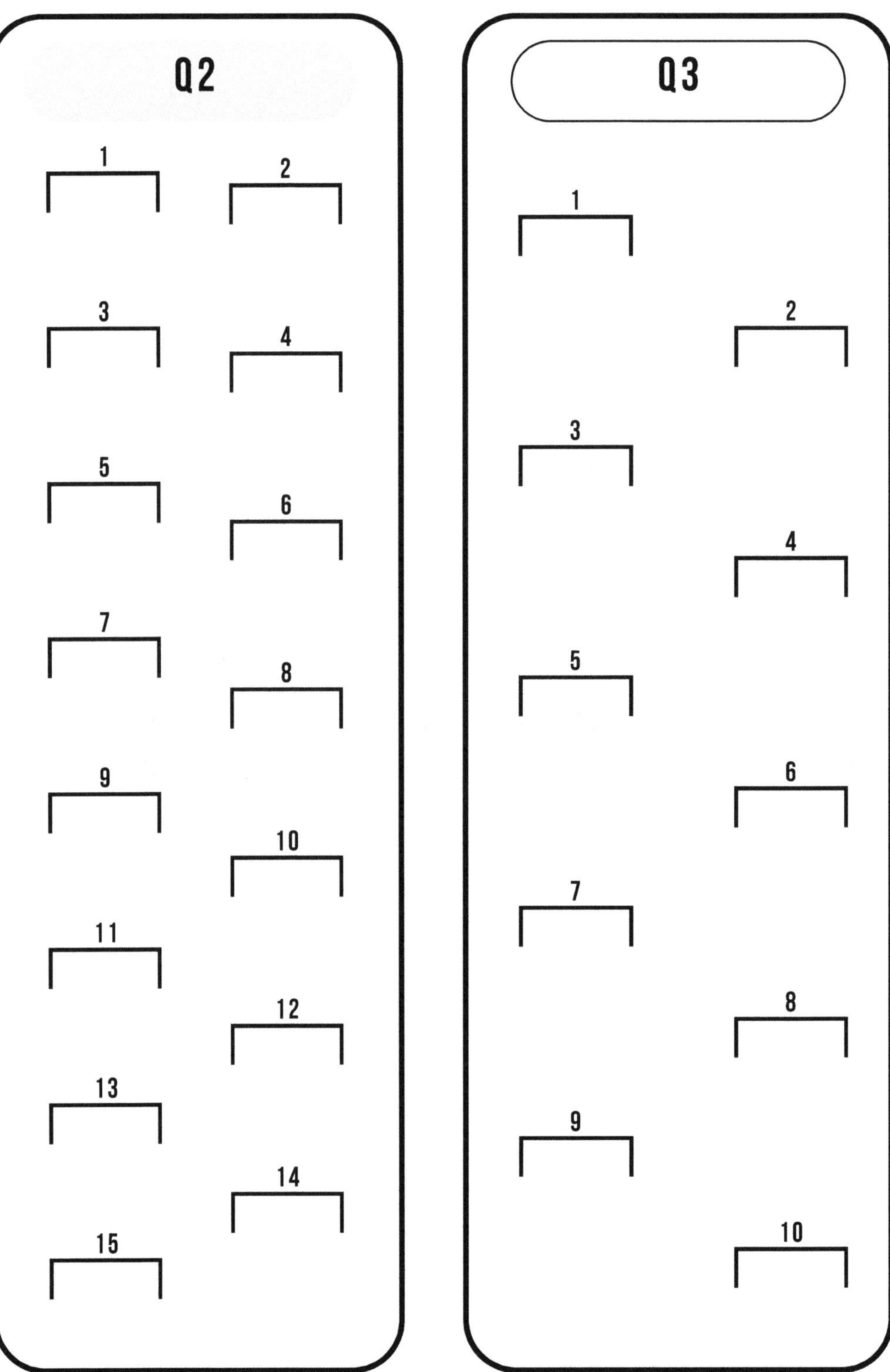
Q2
1
2
3
4
5
6
7
8
9
10
11
12
13
14
15
Q3
1
2
3
4
5
6
7
8
9
10

GRILLE DE DÉPART

1 2 3 4 5 6 7 8 9 10 11 12 13 14 15 16 17 18 19 20

CLASSEMENT

1 2 3 4 5 6 7 8 9 10 11 12 13 14 15 16 17 18 19 20

GRAND-PRIX 3:

CIRCUIT

INFORMATIONS DU CIRCUIT

ANNÉE PREMIÈRE COURSE

DERNIER VAINQUEUR

PREMIER VAINQUEUR

COURSE

#TOURS:

DISTANCE COURSE:

LONGUEUR CIRCUIT:

RECORD DU TOUR

MÉTÉO

JOUR 1

JOUR 2

JOUR 3

PRÉDICTION PODIUM

1. ....
EXACT ?

2. ....
EXACT ?

3. ....
EXACT ?

QUI AURA LA POLE POSITION ?

....

EXACT ?

COMBIEN DE DNF PENDANT LA COURSE ?

....

EXACT ?

TOTAL

/5

PROGRAMME

PILOTE DU JOUR

MON PILOTE DU JOUR

MOMENTS FORTS DU WEEK-END

ESSAIS 1

1 2

3 4

5 6

7 8

9 10

11 12

13 14

15 16

17 18

19 20

ESSAIS 2 QUALIF. SPRINT

1 2

3 4

5 6

7 8

9 10

11 12

13 14

15 16

17 18

19 20

ESSAIS 3
SPRINT CLASSEMENT

1
2
3
4
5
6
7
8
9
10
11
12
13
14
15
16
17
18
19
20

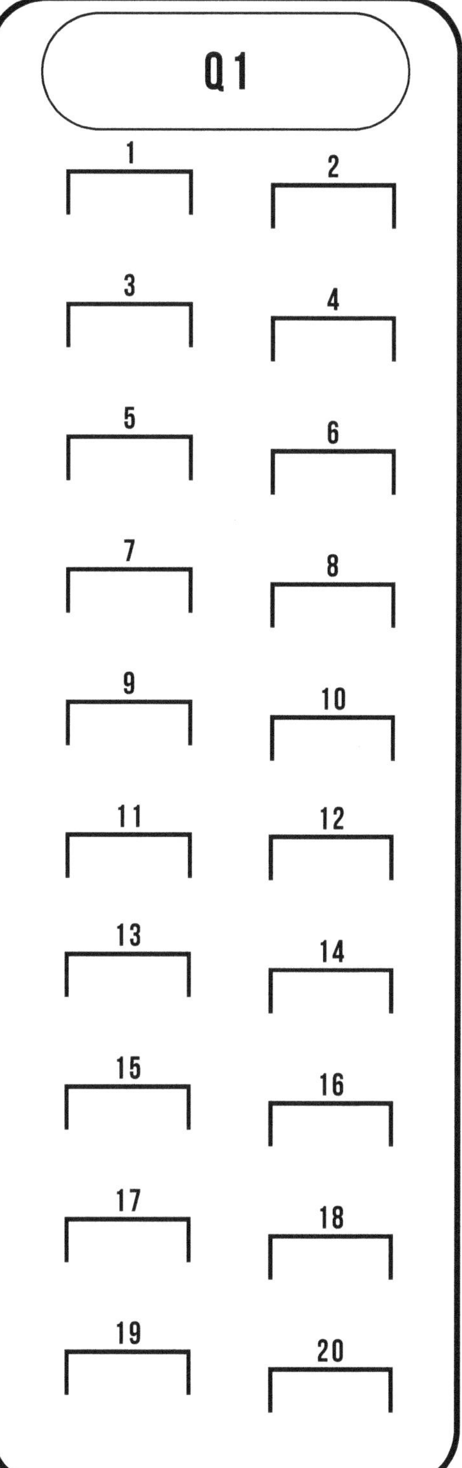

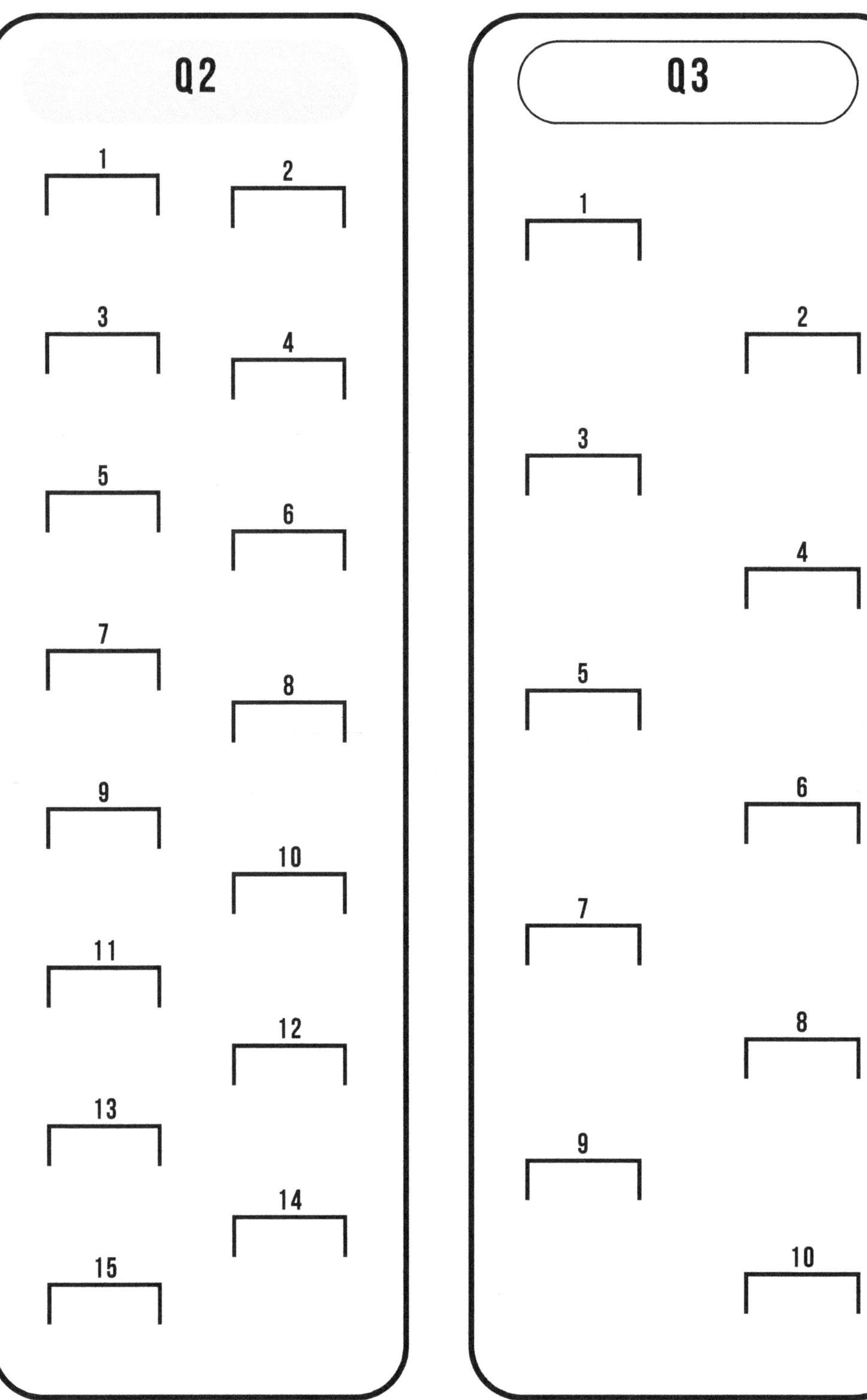
Q2
1
2
3
4
5
6
7
8
9
10
11
12
13
14
15
Q3
1
2
3
4
5
6
7
8
9
10

GRILLE DE DÉPART

1
2
3
4
5
6
7
8
9
10
11
12
13
14
15
16
17
18
19
20

CLASSEMENT

1
2
3
4
5
6
7
8
9
10
11
12
13
14
15
16
17
18
19
20

GRAND-PRIX 4:

CIRCUIT

INFORMATIONS DU CIRCUIT

ANNÉE PREMIÈRE COURSE

DERNIER VAINQUEUR

PREMIER VAINQUEUR

COURSE

#TOURS:

DISTANCE COURSE:

LONGUEUR CIRCUIT:

RECORD DU TOUR

MÉTÉO

JOUR 1

JOUR 2

JOUR 3

PRÉDICTION PODIUM

1. ....

EXACT ?

2. ....

EXACT ?

3. ....

EXACT ?

QUI AURA LA POLE POSITION ?

EXACT ?

....

TOTAL

COMBIEN DE DNF PENDANT LA COURSE ?

EXACT ?

....

/5

PROGRAMME

PILOTE DU JOUR

MON PILOTE DU JOUR

MOMENTS FORTS DU WEEK-END

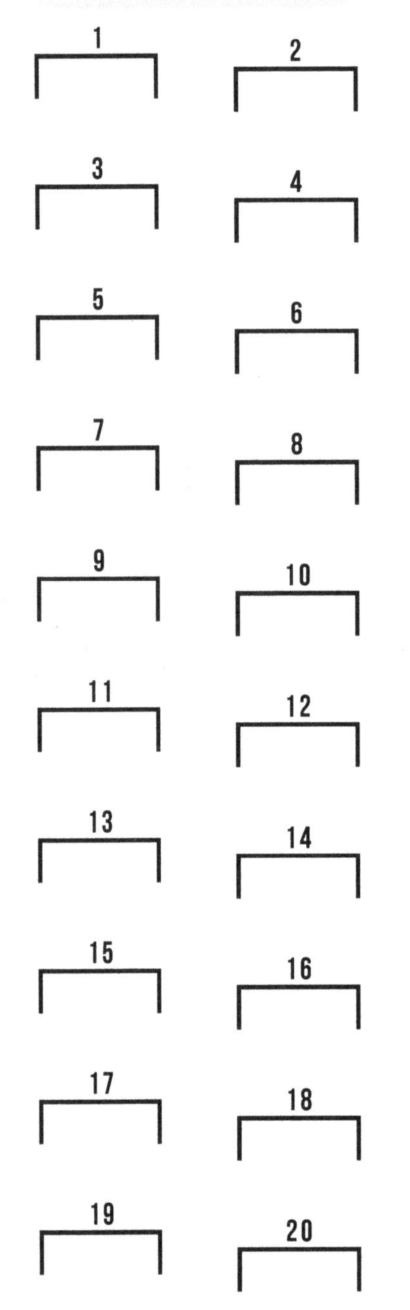
ESSAIS 1
1
2
3
4
5
6
7
8
9
10
11
12
13
14
15
16
17
18
19
20

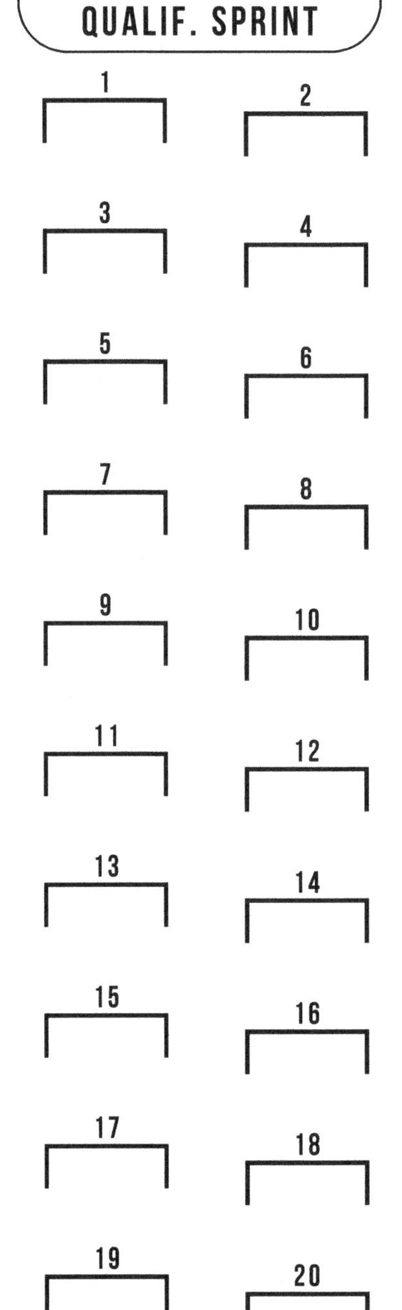
ESSAIS 2
QUALIF. SPRINT
1
2
3
4
5
6
7
8
9
10
11
12
13
14
15
16
17
18
19
20

ESSAIS 3
SPRINT CLASSEMENT

1 2
3 4
5 6
7 8
9 10
11 12
13 14
15 16
17 18
19 20

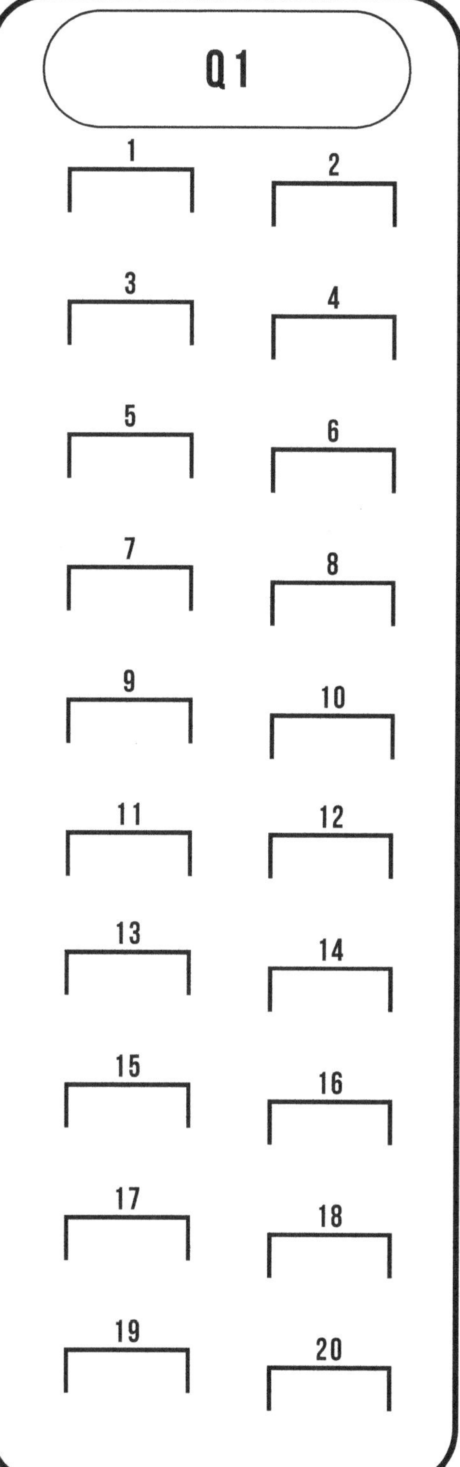

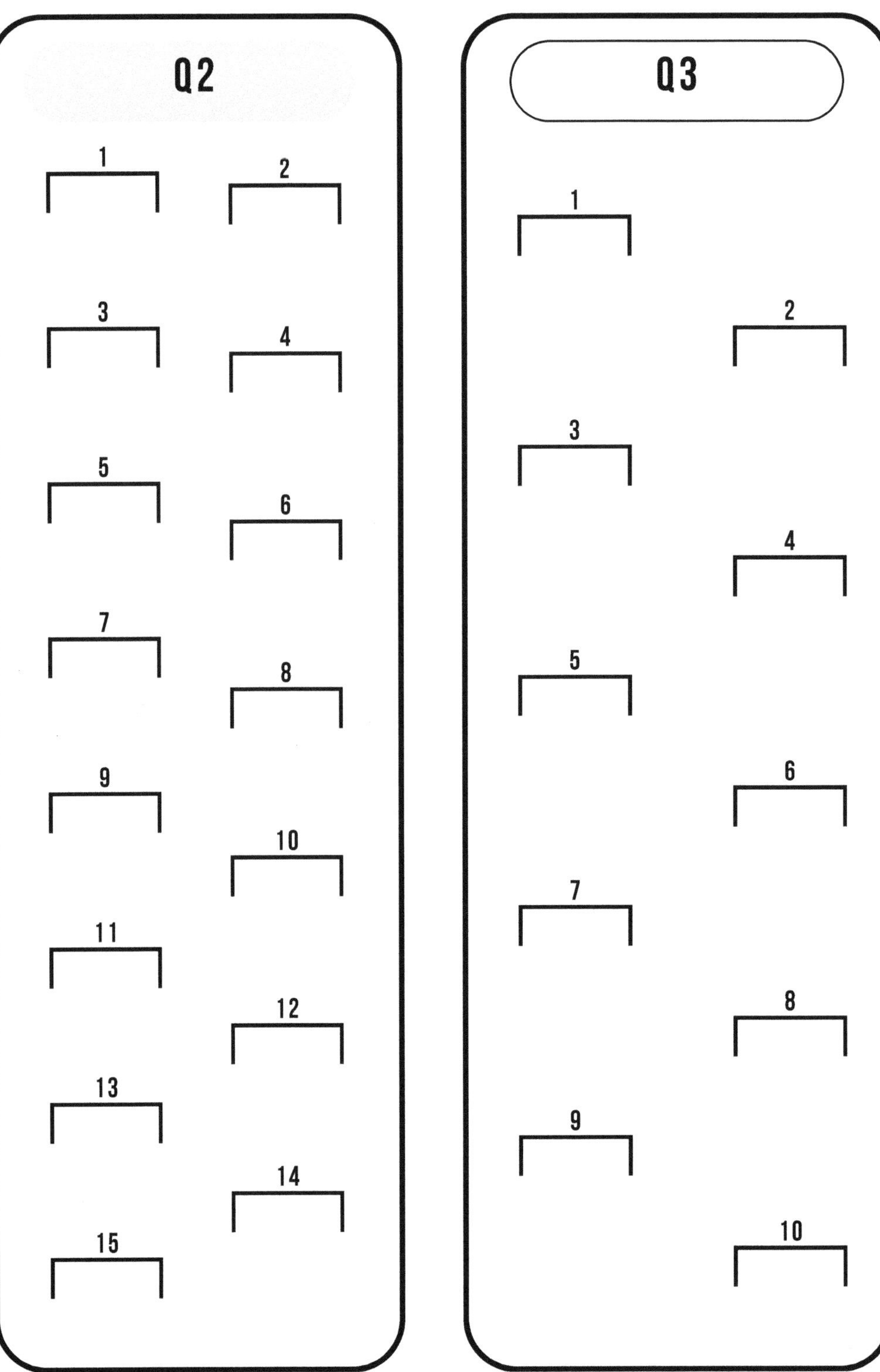
Q2
1
2
3
4
5
6
7
8
9
10
11
12
13
14
15
Q3
1
2
3
4
5
6
7
8
9
10

GRILLE DE DÉPART	
1	2
3	4
5	6
7	8
9	10
11	12
13	14
15	16
17	18
19	20

CLASSEMENT	
1	2
3	4
5	6
7	8
9	10
11	12
13	14
15	16
17	18
19	20

GRAND-PRIX 5:

CIRCUIT

INFORMATIONS DU CIRCUIT

ANNÉE PREMIÈRE COURSE

DERNIER VAINQUEUR

PREMIER VAINQUEUR

COURSE

#TOURS:

RECORD DU TOUR

DISTANCE COURSE:

LONGUEUR CIRCUIT:

MÉTÉO

JOUR 1

JOUR 2

JOUR 3

PRÉDICTION PODIUM

1. ____________________ EXACT ?

2. ____________________ EXACT ?

3. ____________________ EXACT ?

QUI AURA LA POLE POSITION ? EXACT ?

____

TOTAL

/5

COMBIEN DE DNF PENDANT LA COURSE ? EXACT ?

____

PROGRAMME

PILOTE DU JOUR

MON PILOTE DU JOUR

MOMENTS FORTS DU WEEK-END

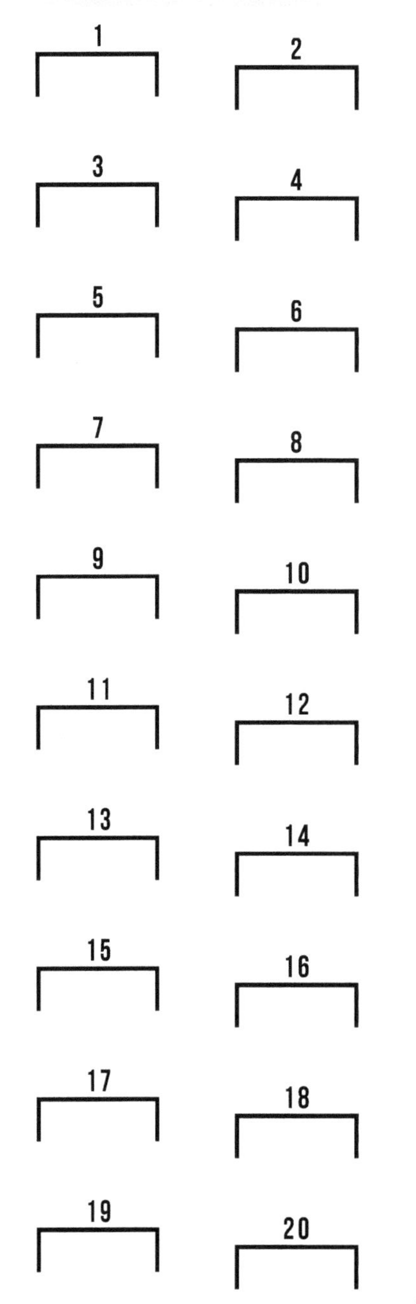

ESSAIS 2
QUALIF. SPRINT

1 2

3 4

5 6

7 8

9 10

11 12

13 14

15 16

17 18

19 20

ESSAIS 3
SPRINT CLASSEMENT

1 2
3 4
5 6
7 8
9 10
11 12
13 14
15 16
17 18
19 20

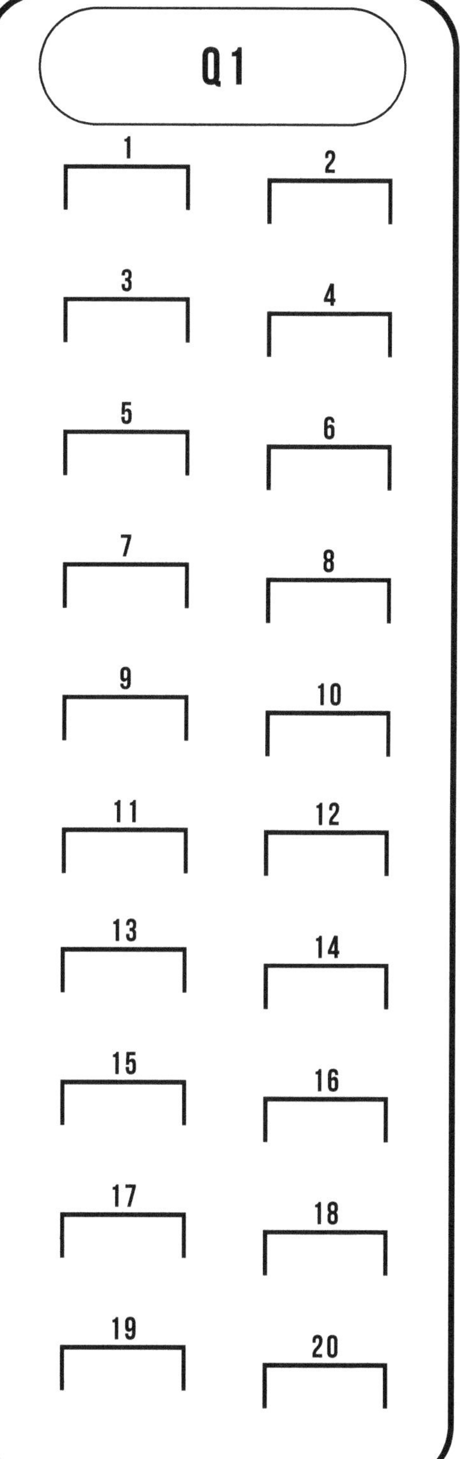

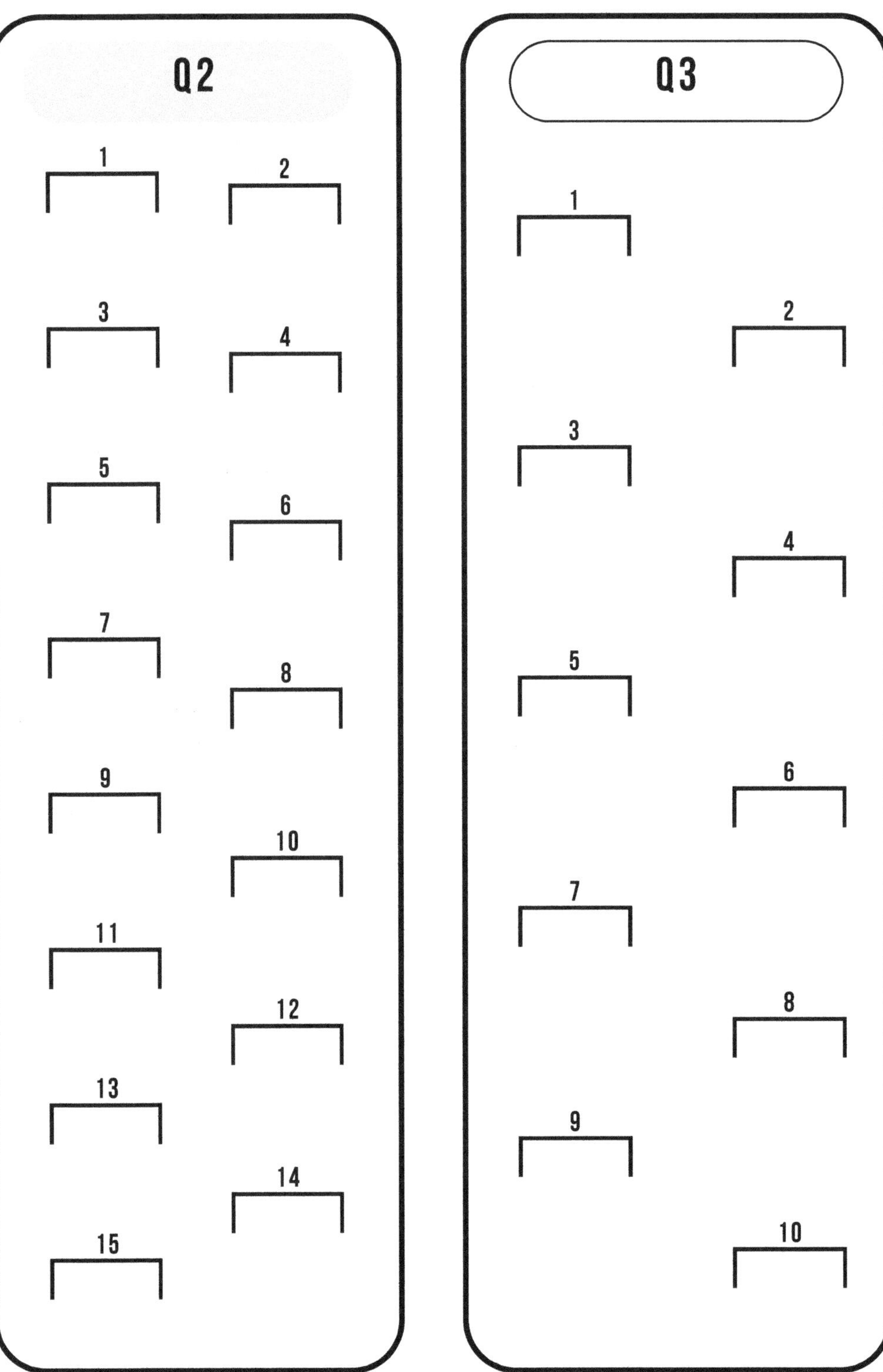
Q2
1
2
3
4
5
6
7
8
9
10
11
12
13
14
15
Q3
1
2
3
4
5
6
7
8
9
10

GRILLE DE DÉPART

1
2
3
4
5
6
7
8
9
10
11
12
13
14
15
16
17
18
19
20

CLASSEMENT

1
2
3
4
5
6
7
8
9
10
11
12
13
14
15
16
17
18
19
20

GRAND-PRIX 6:

CIRCUIT

INFORMATIONS DU CIRCUIT

ANNÉE PREMIÈRE COURSE

DERNIER VAINQUEUR

PREMIER VAINQUEUR

COURSE

#TOURS:

RECORD DU TOUR

DISTANCE COURSE:

LONGUEUR CIRCUIT:

MÉTÉO

JOUR 1

JOUR 2

JOUR 3

PRÉDICTION PODIUM

1. ....

EXACT ?

2. ....

EXACT ?

3. ....

EXACT ?

QUI AURA LA POLE POSITION ?

EXACT ?

....

TOTAL

COMBIEN DE DNF PENDANT LA COURSE ?

EXACT ?

/5

....

PROGRAMME

PILOTE DU JOUR

MON PILOTE DU JOUR

MOMENTS FORTS DU WEEK-END

ESSAIS 1

1 2

3 4

5 6

7 8

9 10

11 12

13 14

15 16

17 18

19 20

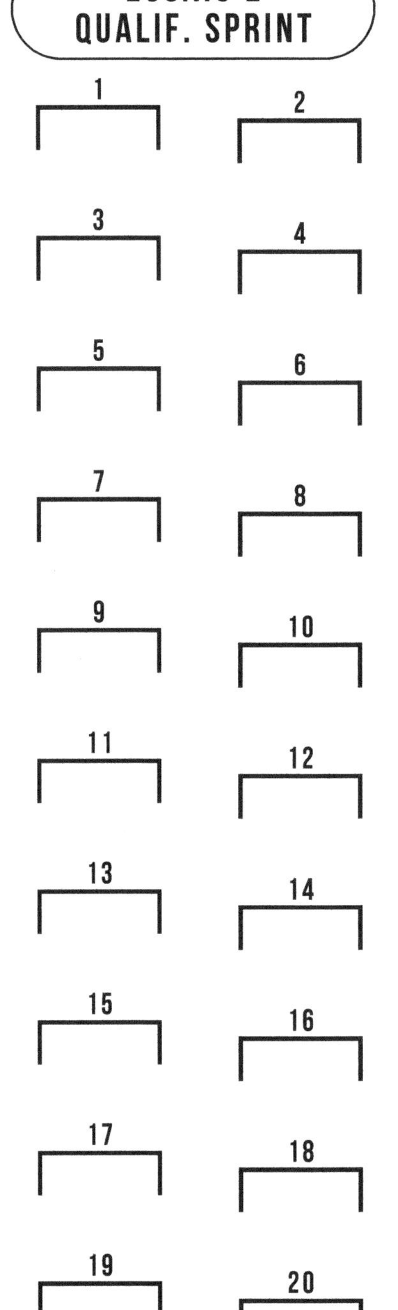

ESSAIS 2
QUALIF. SPRINT

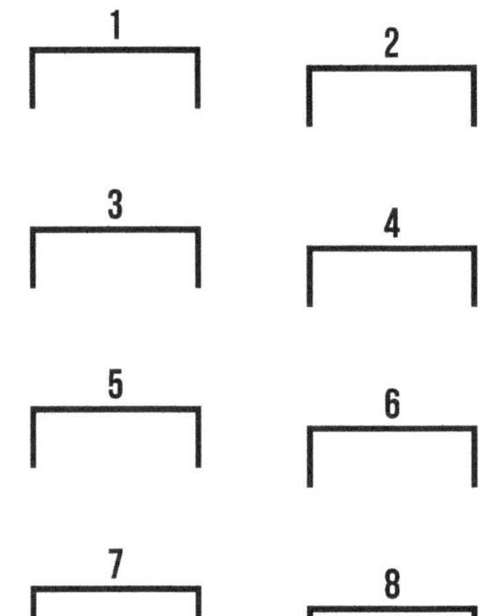

1 2

3 4

5 6

7 8

9 10

11 12

13 14

15 16

17 18

19 20

ESSAIS 3
SPRINT CLASSEMENT

1
2
3
4
5
6
7
8
9
10
11
12
13
14
15
16
17
18
19
20

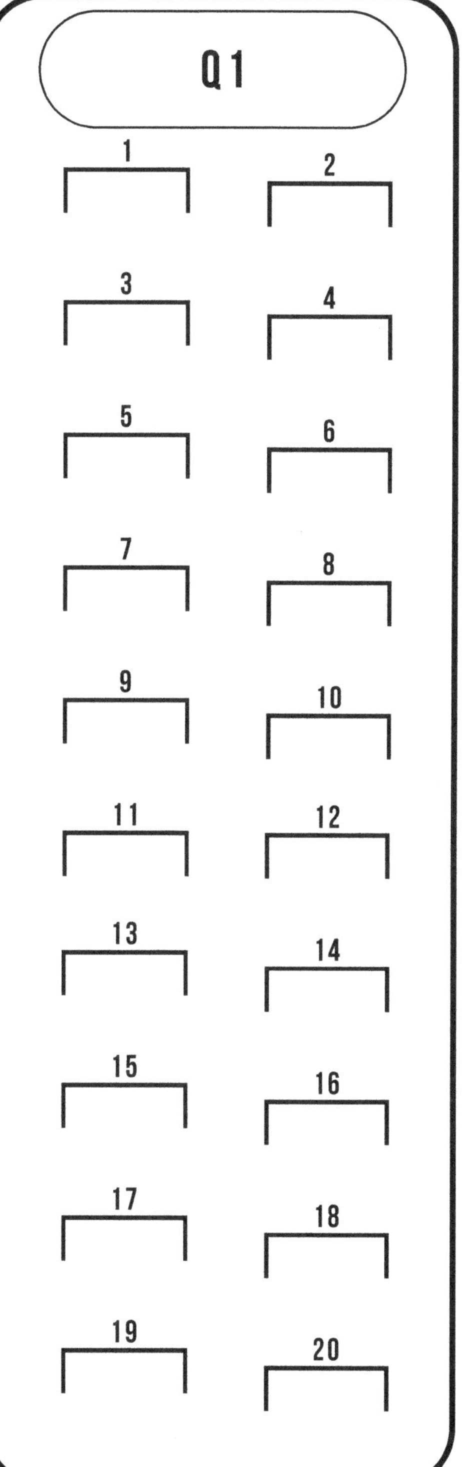

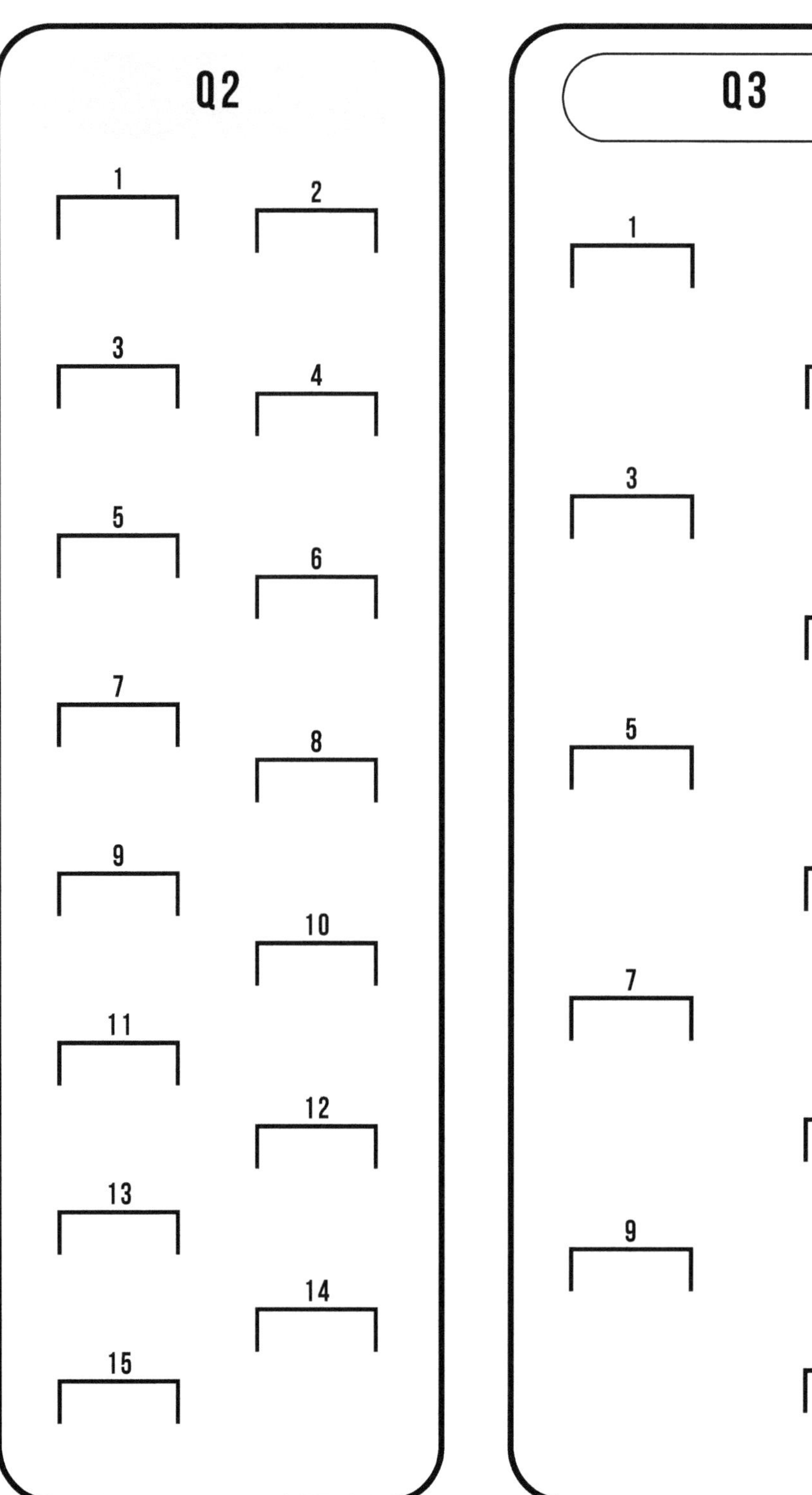
Q2
1
2
3
4
5
6
7
8
9
10
11
12
13
14
15
Q3
1
2
3
4
5
6
7
8
9
10

GRILLE DE DÉPART

1
2
3
4
5
6
7
8
9
10
11
12
13
14
15
16
17
18
19
20

CLASSEMENT

1
2
3
4
5
6
7
8
9
10
11
12
13
14
15
16
17
18
19
20

GRAND-PRIX 7:

CIRCUIT

INFORMATIONS DU CIRCUIT

ANNÉE PREMIÈRE COURSE

DERNIER VAINQUEUR

PREMIER VAINQUEUR

COURSE

#TOURS:

DISTANCE COURSE:

LONGUEUR CIRCUIT:

RECORD DU TOUR

MÉTÉO

JOUR 1

JOUR 2

JOUR 3

PRÉDICTION PODIUM

1. ______________ 2. ______________ 3. ______________

EXACT ? EXACT ? EXACT ?

QUI AURA LA POLE POSITION ?

EXACT ?

____

TOTAL

COMBIEN DE DNF PENDANT LA COURSE ?

EXACT ?

____

/ 5

PROGRAMME

PILOTE DU JOUR

MON PILOTE DU JOUR

MOMENTS FORTS DU WEEK-END

ESSAIS 1

1	2
3	4
5	6
7	8
9	10
11	12
13	14
15	16
17	18
19	20

ESSAIS 2
QUALIF. SPRINT

1	2
3	4
5	6
7	8
9	10
11	12
13	14
15	16
17	18
19	20

ESSAIS 3
SPRINT CLASSEMENT

1
2
3
4
5
6
7
8
9
10
11
12
13
14
15
16
17
18
19
20

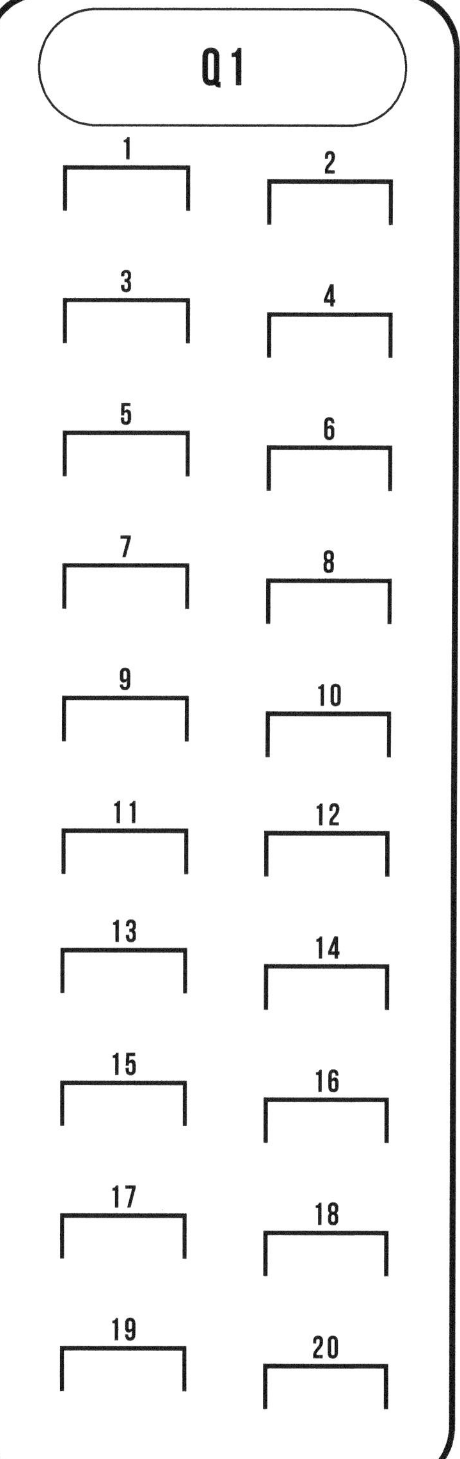

Q2

1

2

3

4

5

6

7

8

9

10

11

12

13

14

15

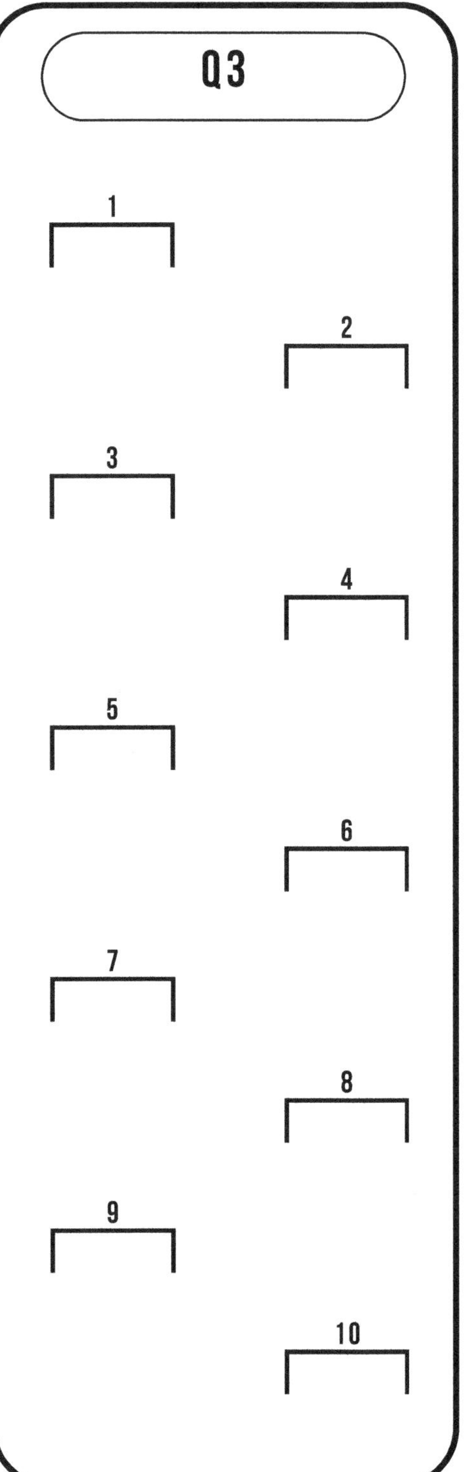

GRILLE DE DÉPART

1
2
3
4
5
6
7
8
9
10
11
12
13
14
15
16
17
18
19
20

CLASSEMENT

1
2
3
4
5
6
7
8
9
10
11
12
13
14
15
16
17
18
19
20

GRAND-PRIX 8:

CIRCUIT

INFORMATIONS DU CIRCUIT

ANNÉE PREMIÈRE COURSE

DERNIER VAINQUEUR

PREMIER VAINQUEUR

COURSE

#TOURS:

RECORD DU TOUR

DISTANCE COURSE:

LONGUEUR CIRCUIT:

MÉTÉO

JOUR 1

JOUR 2

JOUR 3

PRÉDICTION PODIUM

1. .... EXACT ?

2. .... EXACT ?

3. .... EXACT ?

QUI AURA LA POLE POSITION ? EXACT ?

....

COMBIEN DE DNF PENDANT LA COURSE ? EXACT ?

....

TOTAL

/5

PROGRAMME

PILOTE DU JOUR

MON PILOTE DU JOUR

MOMENTS FORTS DU WEEK-END

ESSAIS 1

1 2

3 4

5 6

7 8

9 10

11 12

13 14

15 16

17 18

19 20

ESSAIS 2
QUALIF. SPRINT

1 2

3 4

5 6

7 8

9 10

11 12

13 14

15 16

17 18

19 20

ESSAIS 3
SPRINT CLASSEMENT

1 2

3 4

5 6

7 8

9 10

11 12

13 14

15 16

17 18

19 20

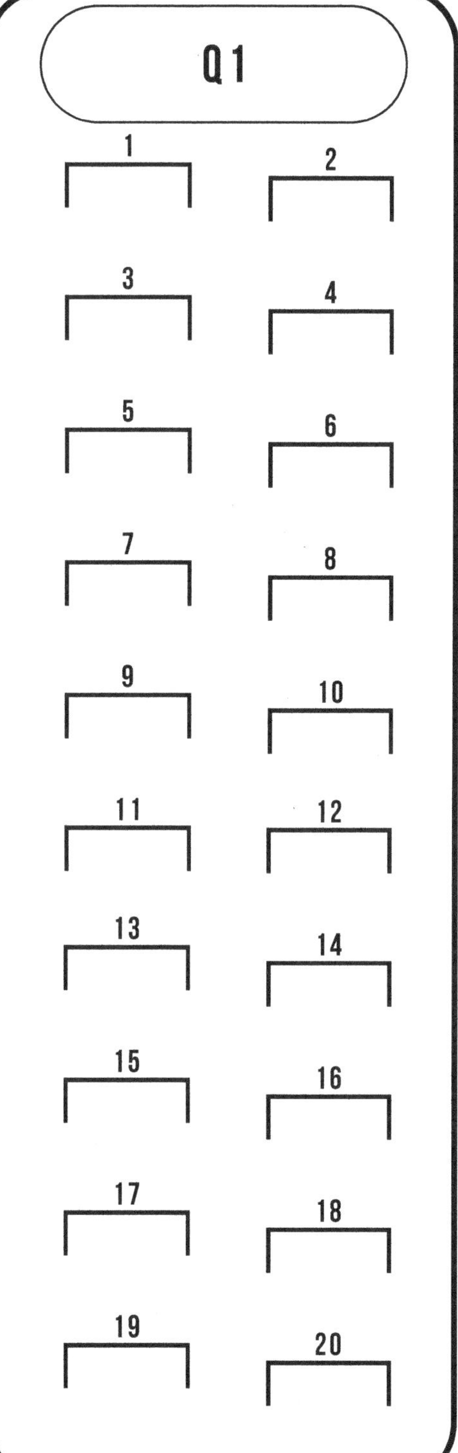

Q2

1

2

3

4

5

6

7

8

9

10

11

12

13

14

15

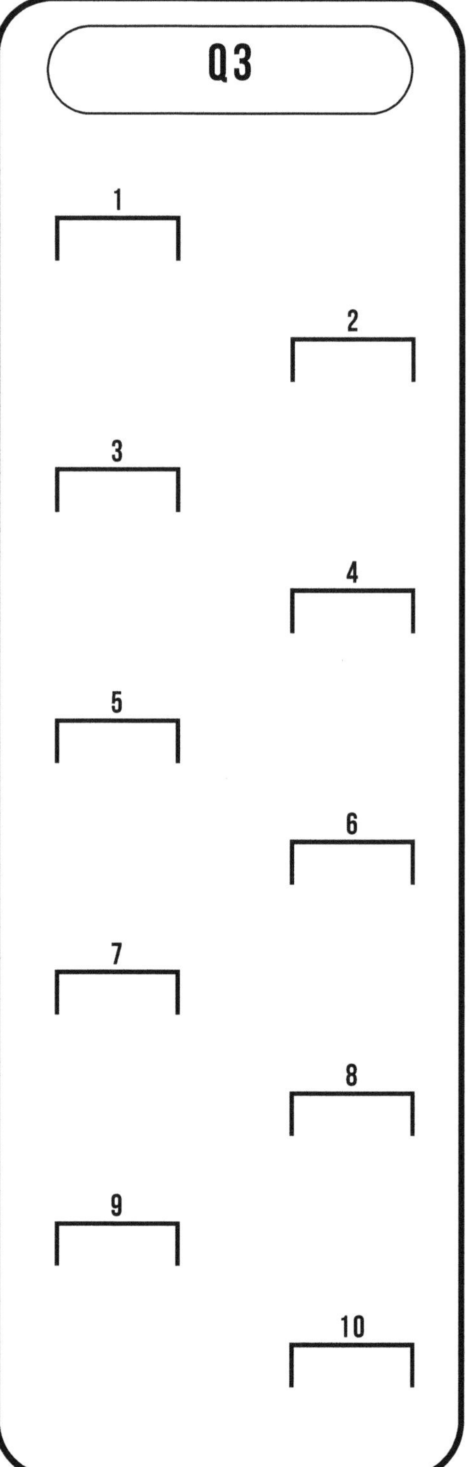

GRILLE DE DÉPART

1	2
3	4
5	6
7	8
9	10
11	12
13	14
15	16
17	18
19	20

CLASSEMENT

1	2
3	4
5	6
7	8
9	10
11	12
13	14
15	16
17	18
19	20

GRAND-PRIX 9:

CIRCUIT

INFORMATIONS DU CIRCUIT

ANNÉE PREMIÈRE COURSE

DERNIER VAINQUEUR

PREMIER VAINQUEUR

COURSE

#TOURS:

RECORD DU TOUR

DISTANCE COURSE:

LONGUEUR CIRCUIT:

MÉTÉO

JOUR 1

JOUR 2

JOUR 3

PRÉDICTION PODIUM

1. ________________ EXACT ?

2. ________________ EXACT ?

3. ________________ EXACT ?

QUI AURA LA POLE POSITION ? EXACT ?

____

TOTAL

COMBIEN DE DNF PENDANT LA COURSE ? EXACT ?

____

/5

PROGRAMME

PILOTE DU JOUR

MON PILOTE DU JOUR

MOMENTS FORTS DU WEEK-END

ESSAIS 1

1 2

3 4

5 6

7 8

9 10

11 12

13 14

15 16

17 18

19 20

ESSAIS 2
QUALIF. SPRINT

1 2

3 4

5 6

7 8

9 10

11 12

13 14

15 16

17 18

19 20

ESSAIS 3
SPRINT CLASSEMENT

1
2
3
4
5
6
7
8
9
10
11
12
13
14
15
16
17
18
19
20

Q1

1
2
3
4
5
6
7
8
9
10
11
12
13
14
15
16
17
18
19
20

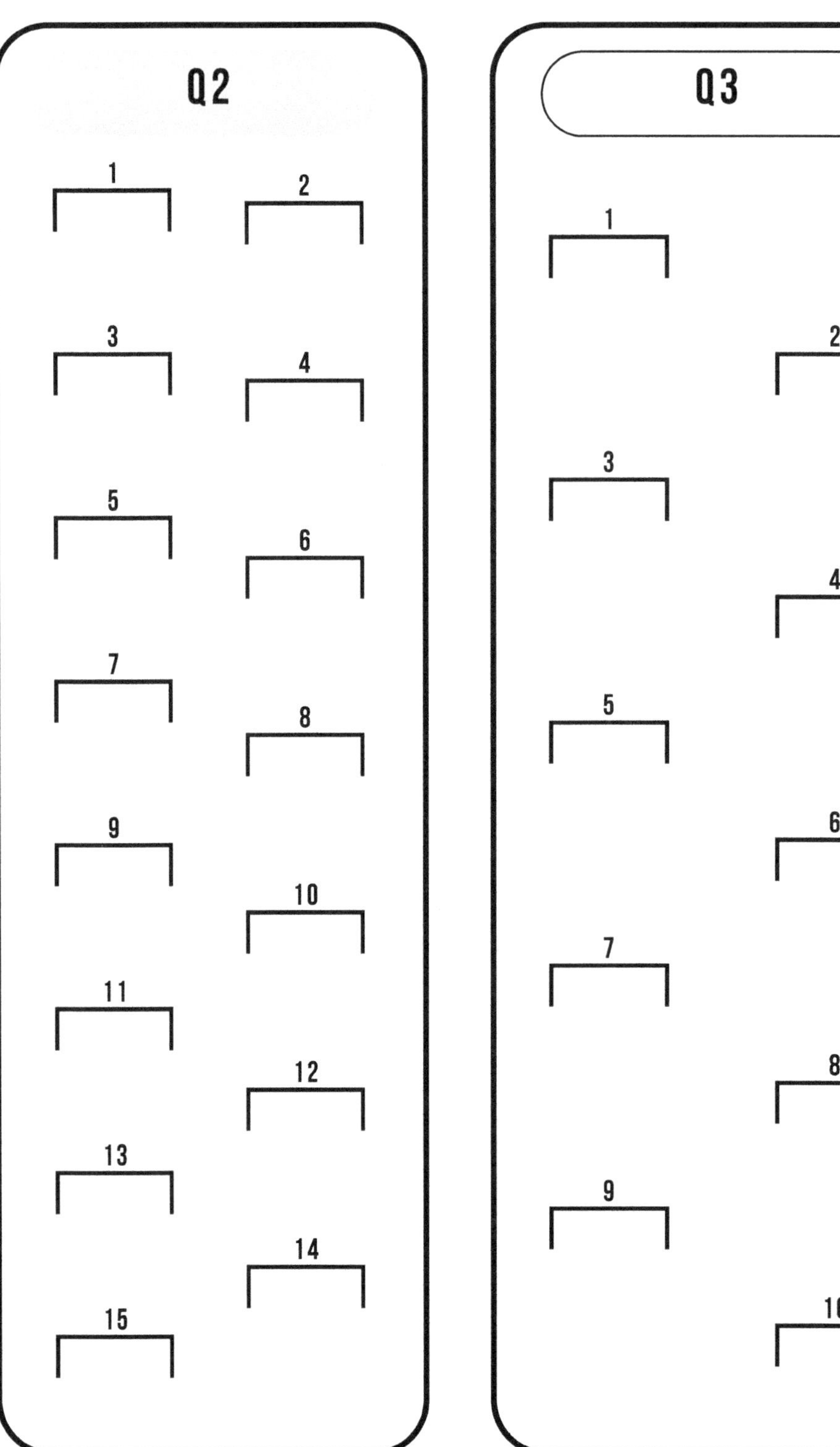
Q2
1
2
3
4
5
6
7
8
9
10
11
12
13
14
15
Q3
1
2
3
4
5
6
7
8
9
10

GRILLE DE DÉPART

1	2
3	4
5	6
7	8
9	10
11	12
13	14
15	16
17	18
19	20

CLASSEMENT

1	2
3	4
5	6
7	8
9	10
11	12
13	14
15	16
17	18
19	20

GRAND-PRIX 10:

CIRCUIT

INFORMATIONS DU CIRCUIT

ANNÉE PREMIÈRE COURSE

DERNIER VAINQUEUR

PREMIER VAINQUEUR

COURSE

#TOURS:

RECORD DU TOUR

DISTANCE COURSE:

LONGUEUR CIRCUIT:

MÉTÉO

JOUR 1

JOUR 2

JOUR 3

PRÉDICTION PODIUM

1. .... EXACT ?

2. .... EXACT ?

3. .... EXACT ?

QUI AURA LA POLE POSITION ?

.... EXACT ?

TOTAL

COMBIEN DE DNF PENDANT LA COURSE ?

.... EXACT ?

/5

PROGRAMME

PILOTE DU JOUR

MON PILOTE DU JOUR

MOMENTS FORTS DU WEEK-END

ESSAIS 1

1 2

3 4

5 6

7 8

9 10

11 12

13 14

15 16

17 18

19 20

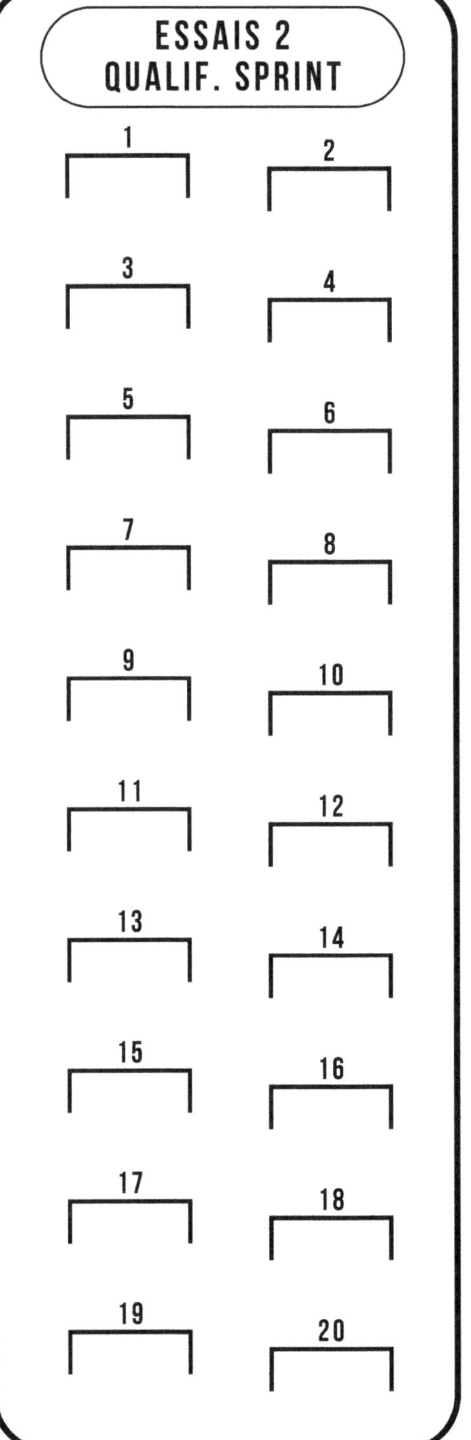

ESSAIS 3
SPRINT CLASSEMENT

1
2
3
4
5
6
7
8
9
10
11
12
13
14
15
16
17
18
19
20

Q1

1
2
3
4
5
6
7
8
9
10
11
12
13
14
15
16
17
18
19
20

Q2

1 2

3 4

5 6

7 8

9 10

11 12

13 14

15

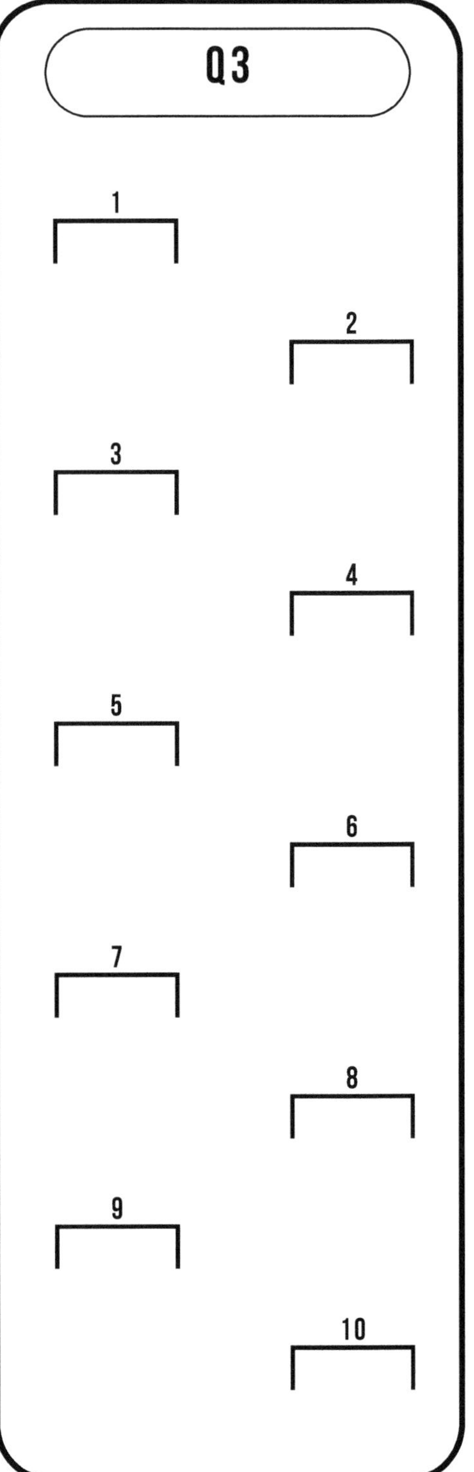

GRILLE DE DÉPART

1	2
3	4
5	6
7	8
9	10
11	12
13	14
15	16
17	18
19	20

CLASSEMENT

1	2
3	4
5	6
7	8
9	10
11	12
13	14
15	16
17	18
19	20

GRAND-PRIX 11:

CIRCUIT

INFORMATIONS DU CIRCUIT

ANNÉE PREMIÈRE COURSE

DERNIER VAINQUEUR

PREMIER VAINQUEUR

COURSE

#TOURS:

RECORD DU TOUR

DISTANCE COURSE:

LONGUEUR CIRCUIT:

MÉTÉO

JOUR 1

JOUR 2

JOUR 3

PRÉDICTION PODIUM

1. .... EXACT ?

2. .... EXACT ?

3. .... EXACT ?

QUI AURA LA POLE POSITION ?

.... EXACT ?

COMBIEN DE DNF PENDANT LA COURSE ?

.... EXACT ?

TOTAL

/5

PROGRAMME

PILOTE DU JOUR

MON PILOTE DU JOUR

MOMENTS FORTS DU WEEK-END

ESSAIS 1

1	2
3	4
5	6
7	8
9	10
11	12
13	14
15	16
17	18
19	20

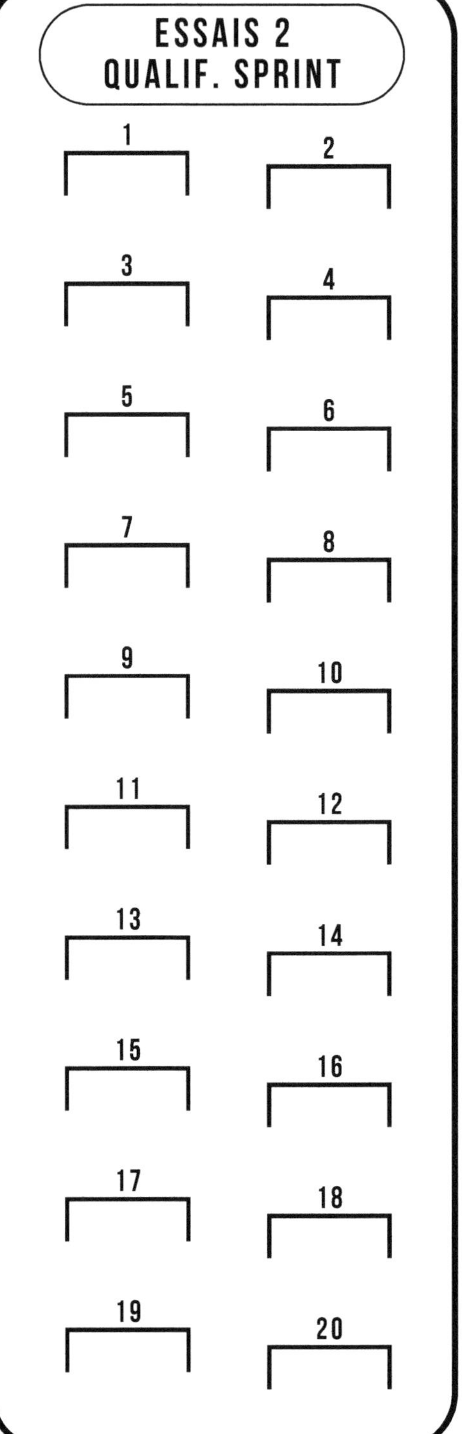

ESSAIS 3
SPRINT CLASSEMENT

1

2

3

4

5

6

7

8

9

10

11

12

13

14

15

16

17

18

19

20

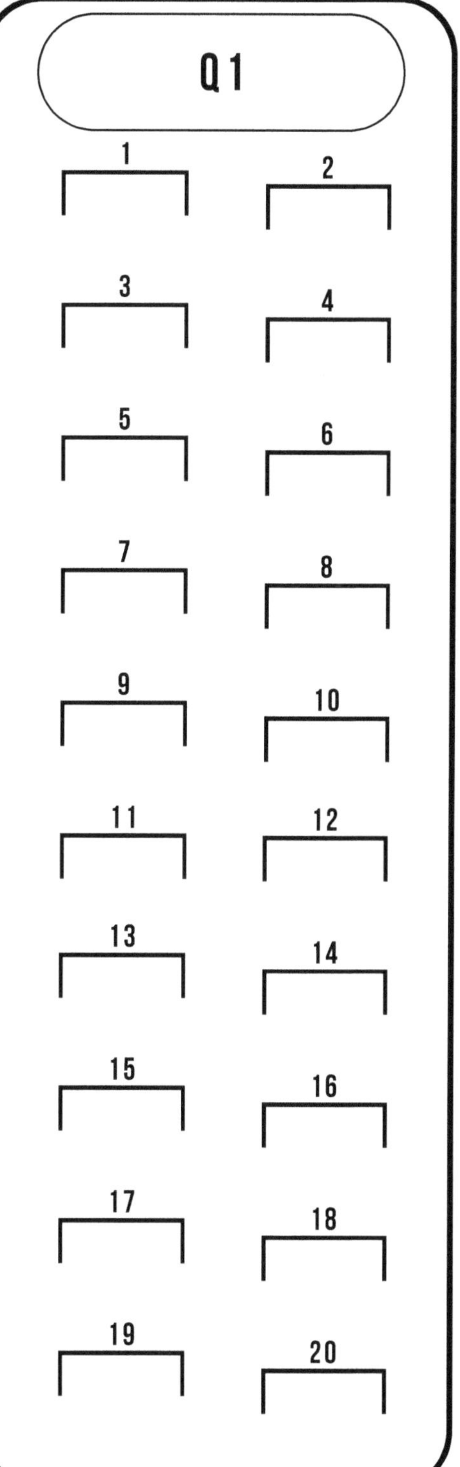

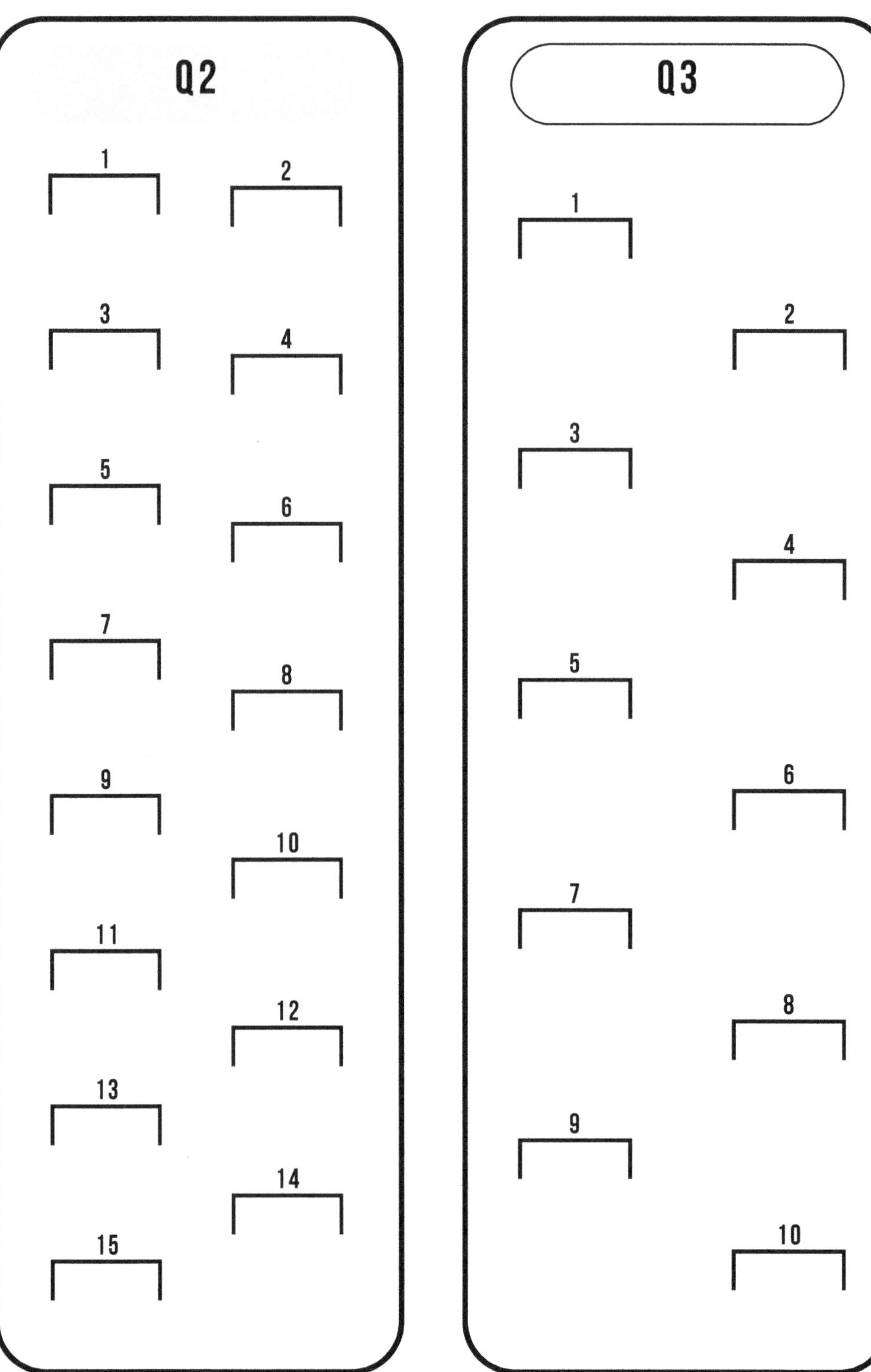
Q2
1
2
3
4
5
6
7
8
9
10
11
12
13
14
15
Q3
1
2
3
4
5
6
7
8
9
10

GRILLE DE DÉPART

1	2
3	4
5	6
7	8
9	10
11	12
13	14
15	16
17	18
19	20

CLASSEMENT

1	2
3	4
5	6
7	8
9	10
11	12
13	14
15	16
17	18
19	20

GRAND-PRIX 12:

CIRCUIT

INFORMATIONS DU CIRCUIT

ANNÉE PREMIÈRE COURSE

DERNIER VAINQUEUR

PREMIER VAINQUEUR

COURSE

#TOURS:

RECORD DU TOUR

DISTANCE COURSE:

LONGUEUR CIRCUIT:

MÉTÉO

JOUR 1

JOUR 2

JOUR 3

PRÉDICTION PODIUM

1. ....

EXACT ?

2. ....

EXACT ?

3. ....

EXACT ?

QUI AURA LA POLE POSITION ?

EXACT ?

....

TOTAL

COMBIEN DE DNF PENDANT LA COURSE ?

EXACT ?

/5

....

PROGRAMME

PILOTE DU JOUR

MON PILOTE DU JOUR

MOMENTS FORTS DU WEEK-END

ESSAIS 1

1 2

3 4

5 6

7 8

9 10

11 12

13 14

15 16

17 18

19 20

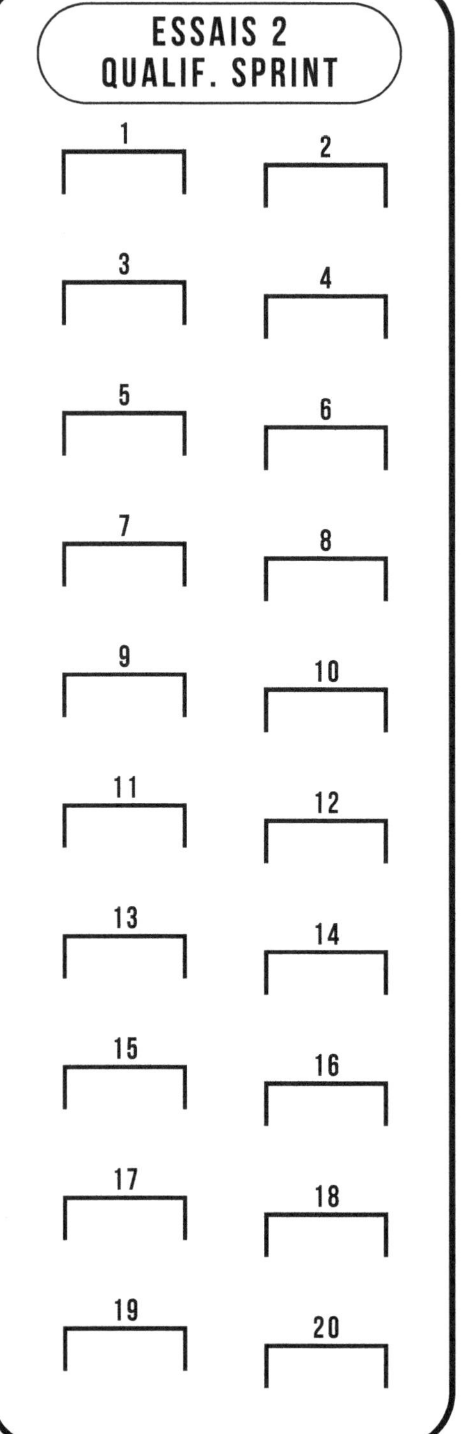

ESSAIS 3
SPRINT CLASSEMENT

1
2
3
4
5
6
7
8
9
10
11
12
13
14
15
16
17
18
19
20

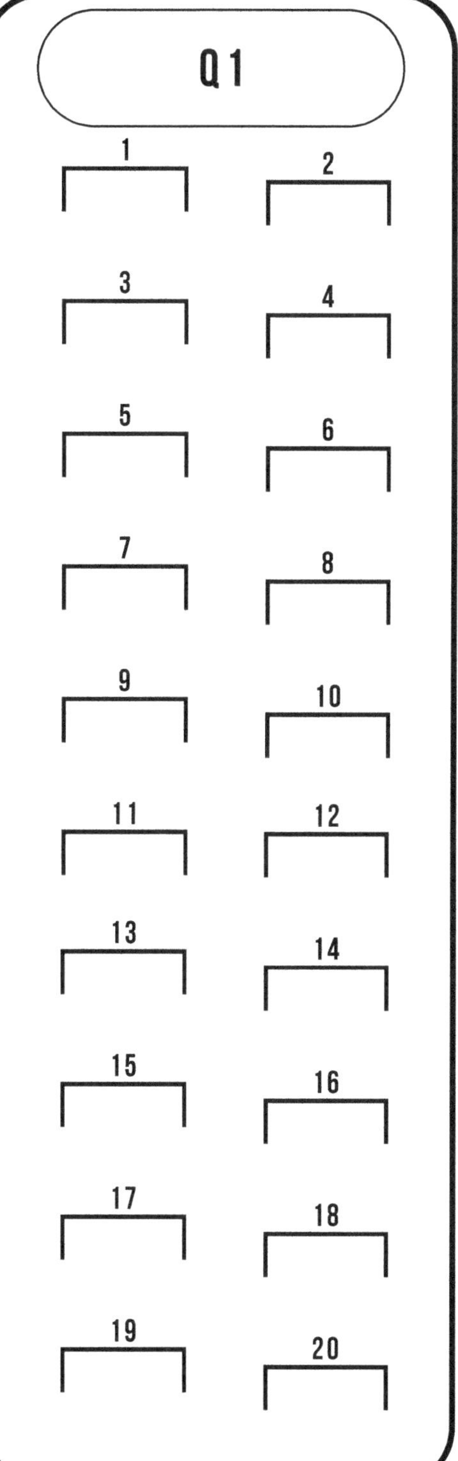

Q2

1 2

3 4

5 6

7 8

9 10

11 12

13 14

15

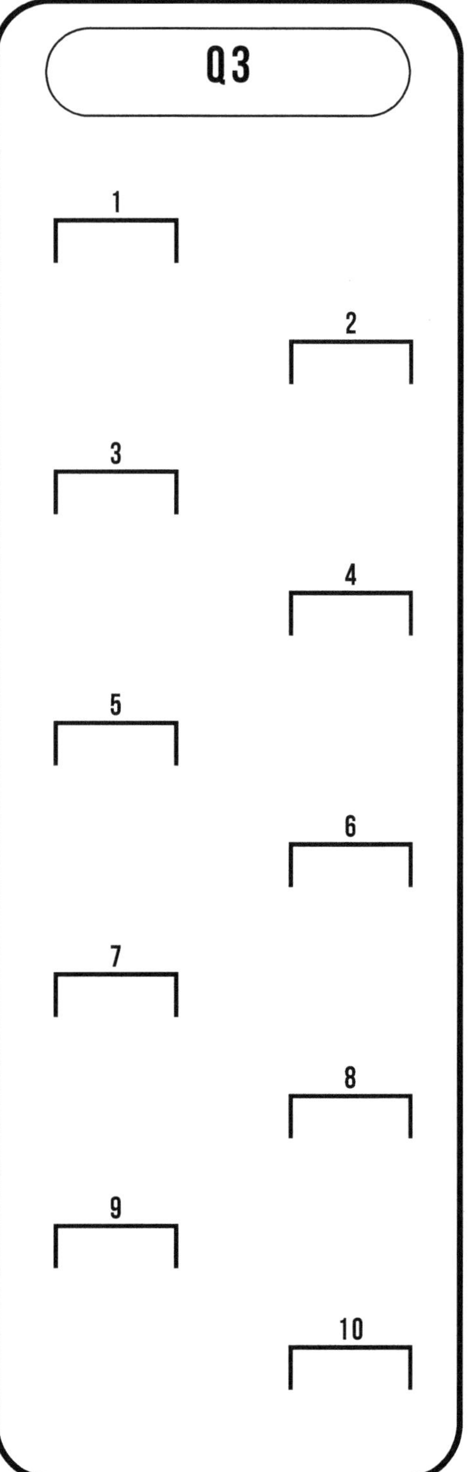

GRILLE DE DÉPART

1

2

3

4

5

6

7

8

9

10

11

12

13

14

15

16

17

18

19

20

CLASSEMENT

1

2

3

4

5

6

7

8

9

10

11

12

13

14

15

16

17

18

19

20

GRAND-PRIX 13:

CIRCUIT

INFORMATIONS DU CIRCUIT

ANNÉE PREMIÈRE COURSE

DERNIER VAINQUEUR

PREMIER VAINQUEUR

COURSE

#TOURS:

RECORD DU TOUR

DISTANCE COURSE:

LONGUEUR CIRCUIT:

MÉTÉO

JOUR 1

JOUR 2

JOUR 3

PRÉDICTION PODIUM

1. ....
EXACT ?

2. ....
EXACT ?

3. ....
EXACT ?

QUI AURA LA POLE POSITION ?

....

EXACT ?

COMBIEN DE DNF PENDANT LA COURSE ?

....

EXACT ?

TOTAL

/ 5

PROGRAMME

PILOTE DU JOUR

MON PILOTE DU JOUR

MOMENTS FORTS DU WEEK-END

ESSAIS 1

1

2

3

4

5

6

7

8

9

10

11

12

13

14

15

16

17

18

19

20

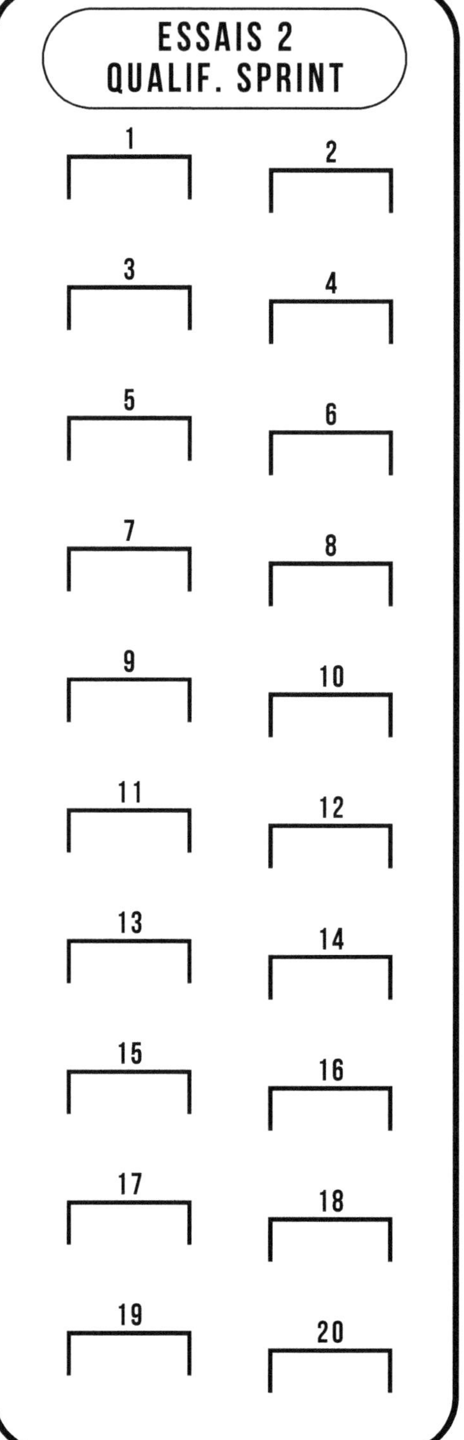

ESSAIS 3
SPRINT CLASSEMENT

1
2
3
4
5
6
7
8
9
10
11
12
13
14
15
16
17
18
19
20

Q1

1
2
3
4
5
6
7
8
9
10
11
12
13
14
15
16
17
18
19
20

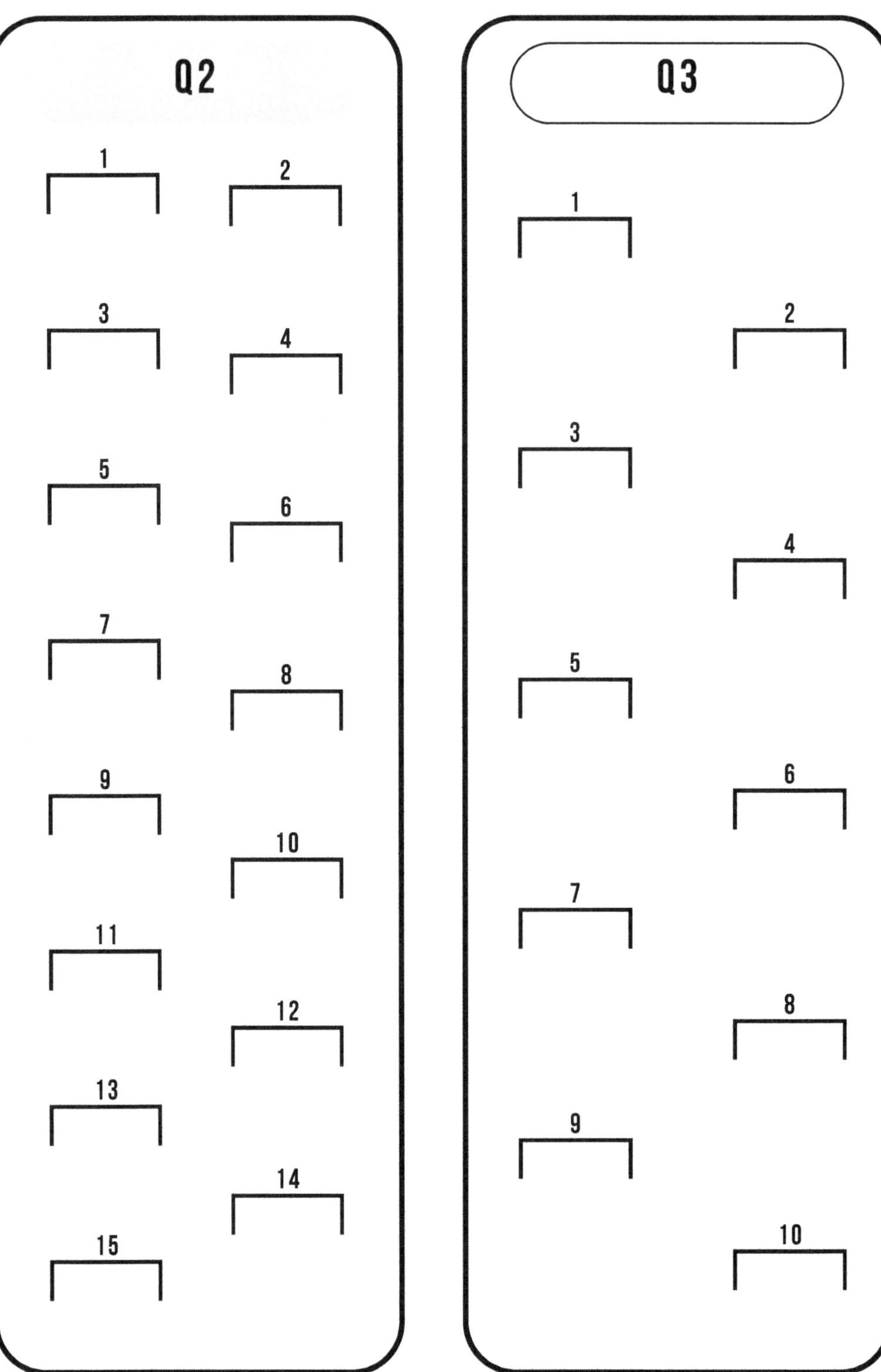
Q2
1
2
3
4
5
6
7
8
9
10
11
12
13
14
15
Q3
1
2
3
4
5
6
7
8
9
10

GRILLE DE DÉPART

1 2
3 4
5 6
7 8
9 10
11 12
13 14
15 16
17 18
19 20

CLASSEMENT

1 2
3 4
5 6
7 8
9 10
11 12
13 14
15 16
17 18
19 20

GRAND-PRIX 14:

CIRCUIT

INFORMATIONS DU CIRCUIT

ANNÉE PREMIÈRE COURSE

DERNIER VAINQUEUR

PREMIER VAINQUEUR

COURSE

#TOURS:

RECORD DU TOUR

DISTANCE COURSE:

LONGUEUR CIRCUIT:

MÉTÉO

JOUR 1

JOUR 2

JOUR 3

PRÉDICTION PODIUM

1. .... EXACT ?

2. .... EXACT ?

3. .... EXACT ?

QUI AURA LA POLE POSITION ? EXACT ?

....

COMBIEN DE DNF PENDANT LA COURSE ? EXACT ?

....

TOTAL

/5

PROGRAMME

PILOTE DU JOUR

MON PILOTE DU JOUR

MOMENTS FORTS DU WEEK-END

ESSAIS 1

1	2
3	4
5	6
7	8
9	10
11	12
13	14
15	16
17	18
19	20

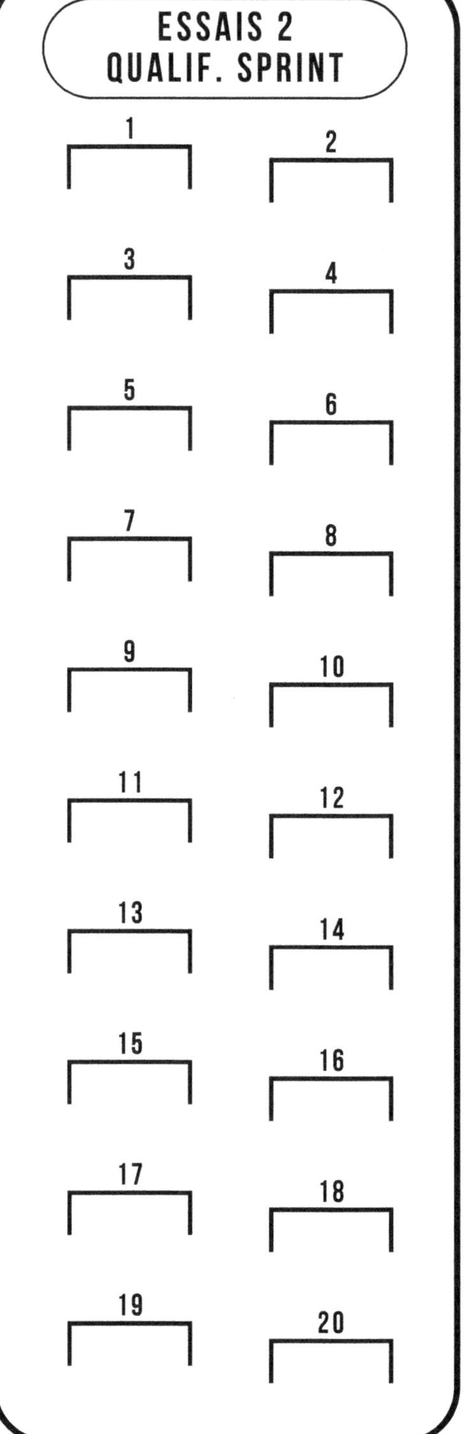

ESSAIS 3
SPRINT CLASSEMENT

1
2
3
4
5
6
7
8
9
10
11
12
13
14
15
16
17
18
19
20

Q1

1
2
3
4
5
6
7
8
9
10
11
12
13
14
15
16
17
18
19
20

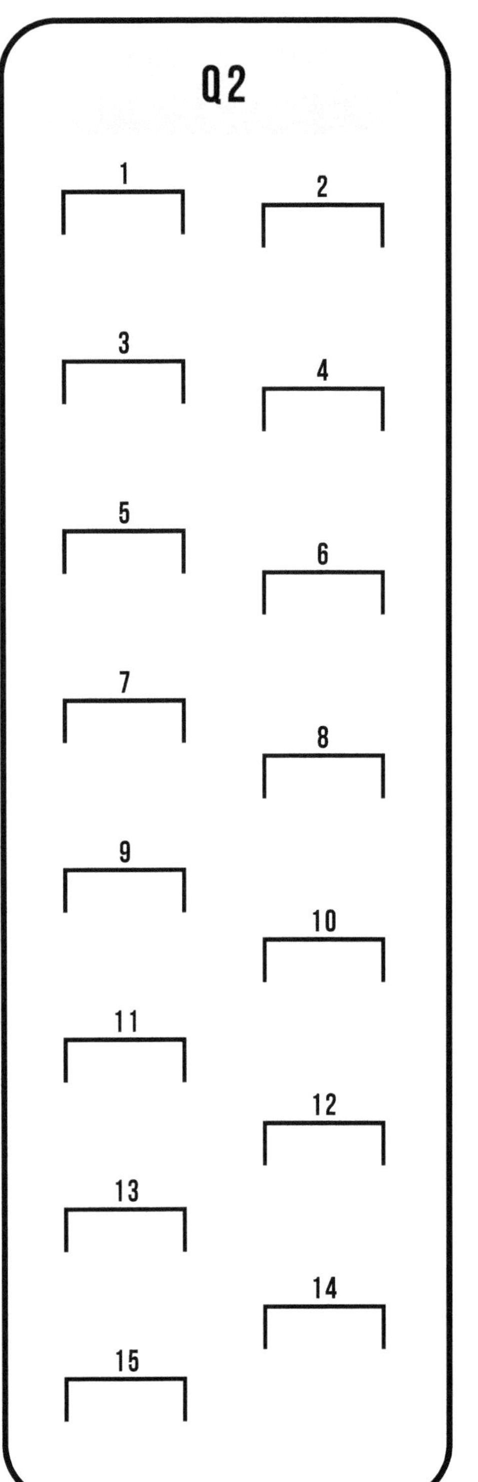
Q2
1
2
3
4
5
6
7
8
9
10
11
12
13
14
15

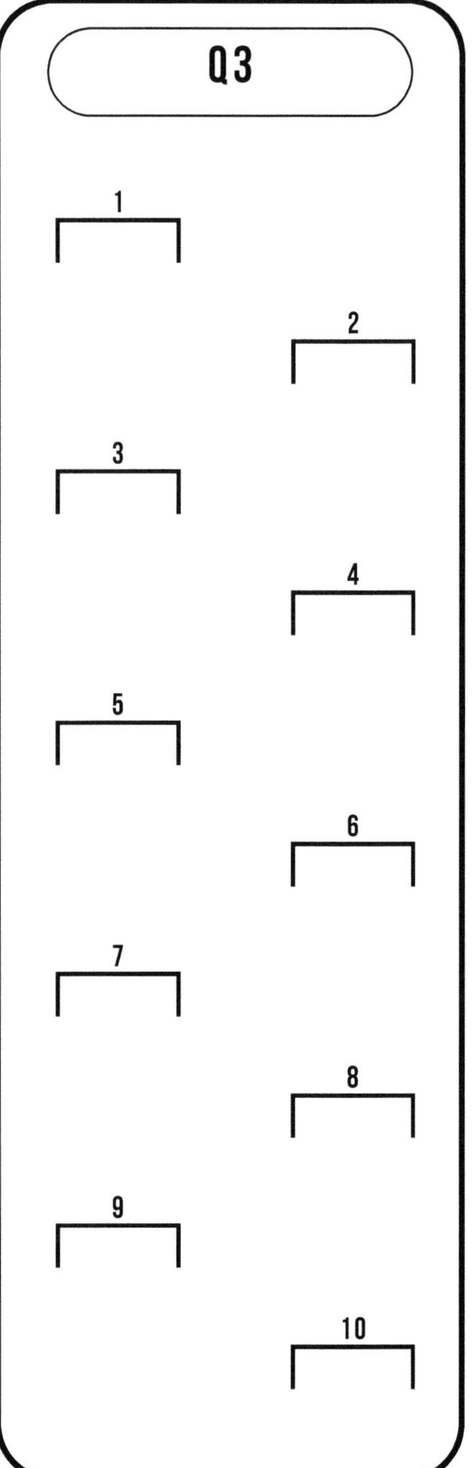
Q3
1
2
3
4
5
6
7
8
9
10

GRILLE DE DÉPART

1	2
3	4
5	6
7	8
9	10
11	12
13	14
15	16
17	18
19	20

CLASSEMENT

1	2
3	4
5	6
7	8
9	10
11	12
13	14
15	16
17	18
19	20

GRAND-PRIX 15:

CIRCUIT

INFORMATIONS DU CIRCUIT

ANNÉE PREMIÈRE COURSE

DERNIER VAINQUEUR

PREMIER VAINQUEUR

COURSE

#TOURS:

RECORD DU TOUR

DISTANCE COURSE:

LONGUEUR CIRCUIT:

MÉTÉO

JOUR 1

JOUR 2

JOUR 3

PRÉDICTION PODIUM

1. ....
EXACT ?

2. ....
EXACT ?

3. ....
EXACT ?

QUI AURA LA POLE POSITION ?

....

EXACT ?

TOTAL

/5

COMBIEN DE DNF PENDANT LA COURSE ?

....

EXACT ?

PROGRAMME

PILOTE DU JOUR

MON PILOTE DU JOUR

MOMENTS FORTS DU WEEK-END

ESSAIS 1

1 2 3 4 5 6 7 8 9 10 11 12 13 14 15 16 17 18 19 20

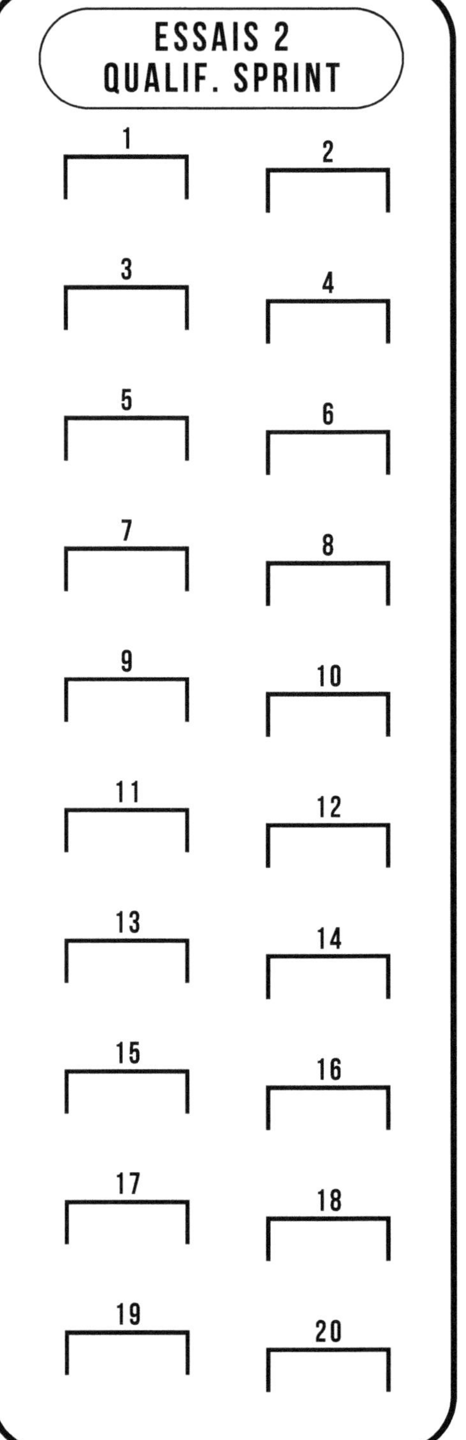

ESSAIS 3
SPRINT CLASSEMENT

1 2

3 4

5 6

7 8

9 10

11 12

13 14

15 16

17 18

19 20

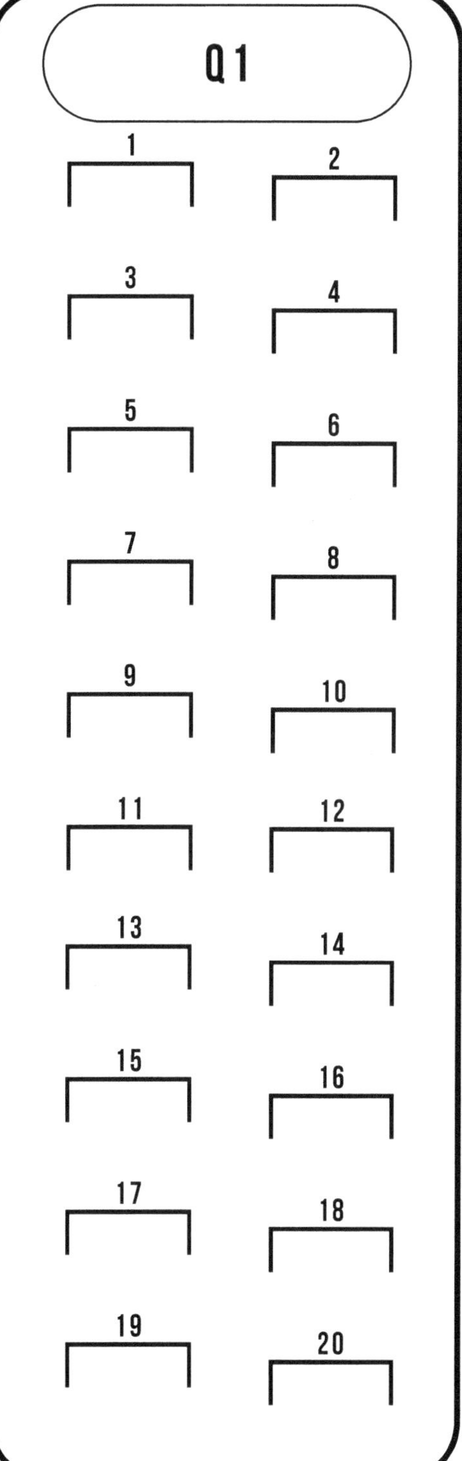

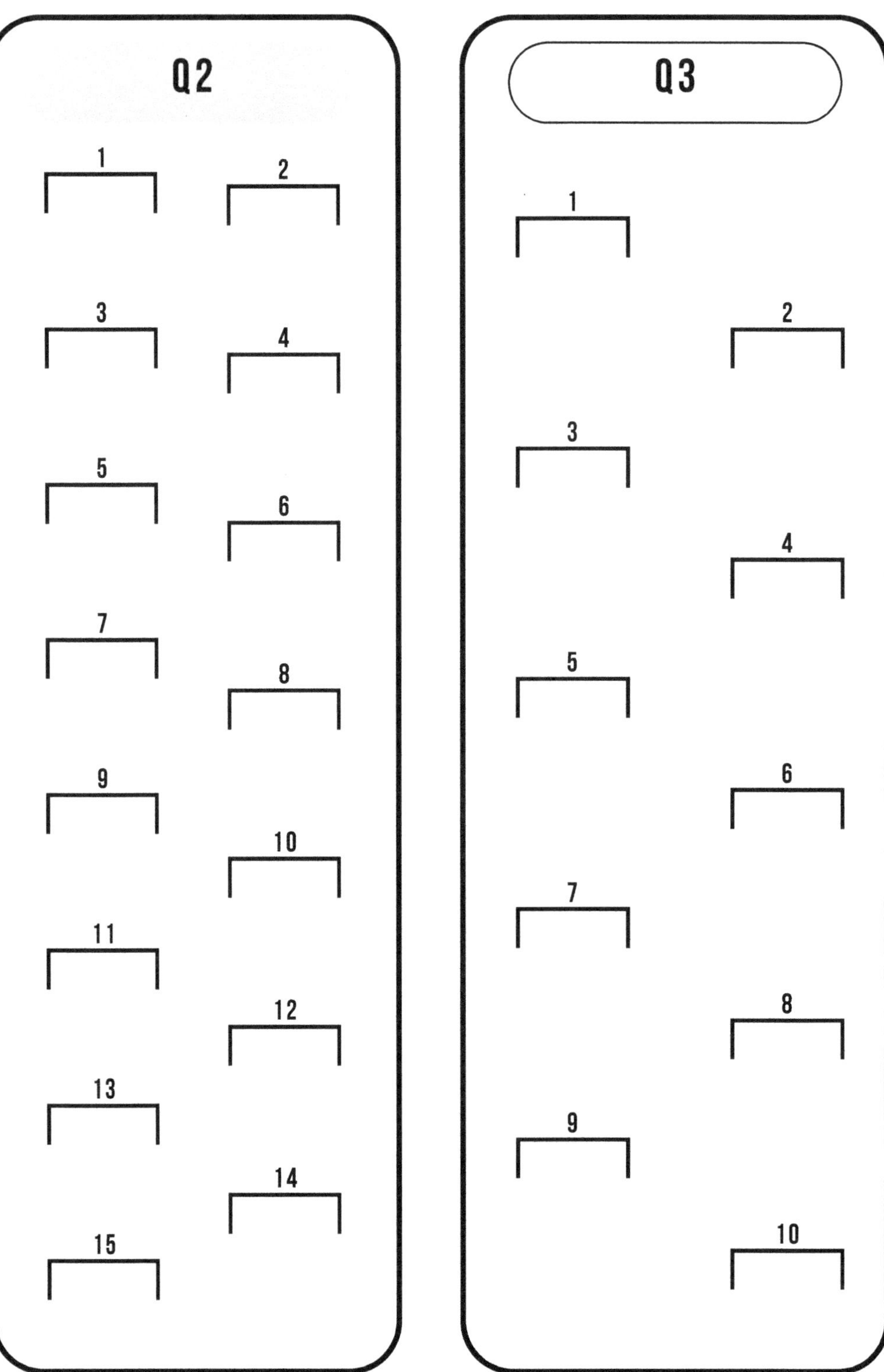
Q2
1
2
3
4
5
6
7
8
9
10
11
12
13
14
15
Q3
1
2
3
4
5
6
7
8
9
10

GRILLE DE DÉPART

1 2

3 4

5 6

7 8

9 10

11 12

13 14

15 16

17 18

19 20

CLASSEMENT

1 2

3 4

5 6

7 8

9 10

11 12

13 14

15 16

17 18

19 20

GRAND-PRIX 16:

CIRCUIT

INFORMATIONS DU CIRCUIT

ANNÉE PREMIÈRE COURSE

DERNIER VAINQUEUR

PREMIER VAINQUEUR

COURSE

#TOURS:

RECORD DU TOUR

DISTANCE COURSE:

LONGUEUR CIRCUIT:

MÉTÉO

JOUR 1

JOUR 2

JOUR 3

PRÉDICTION PODIUM

1. ....

EXACT ?

2. ....

EXACT ?

3. ....

EXACT ?

QUI AURA LA POLE POSITION ?

....

EXACT ?

COMBIEN DE DNF PENDANT LA COURSE ?

....

EXACT ?

TOTAL

/5

PROGRAMME

PILOTE DU JOUR

MON PILOTE DU JOUR

MOMENTS FORTS DU WEEK-END

ESSAIS 1

1 2

3 4

5 6

7 8

9 10

11 12

13 14

15 16

17 18

19 20

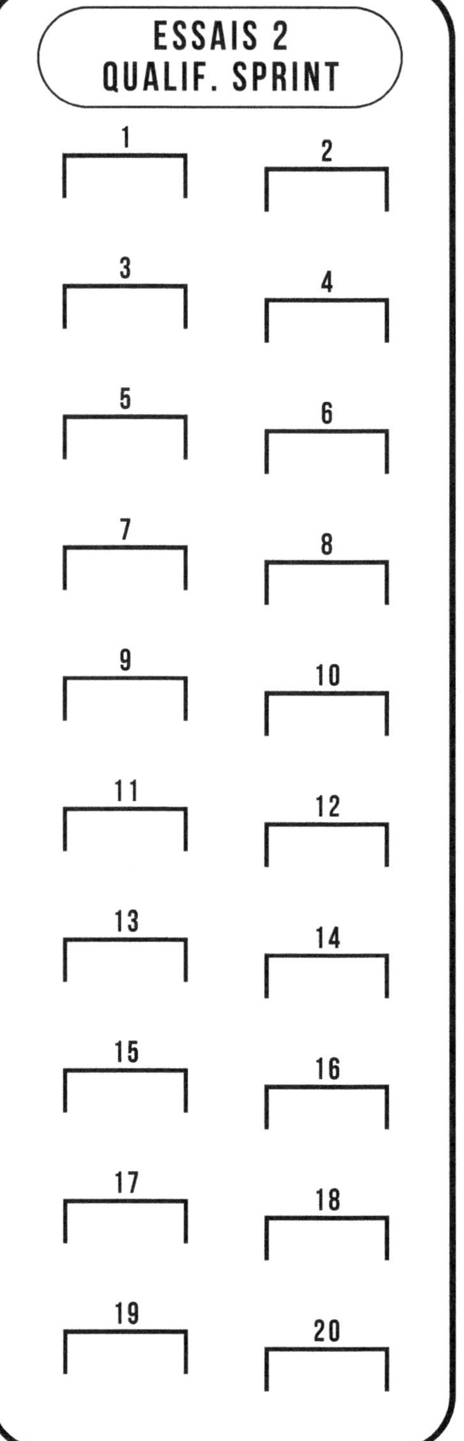

ESSAIS 3
SPRINT CLASSEMENT

1 2 3 4 5 6 7 8 9 10 11 12 13 14 15 16 17 18 19 20

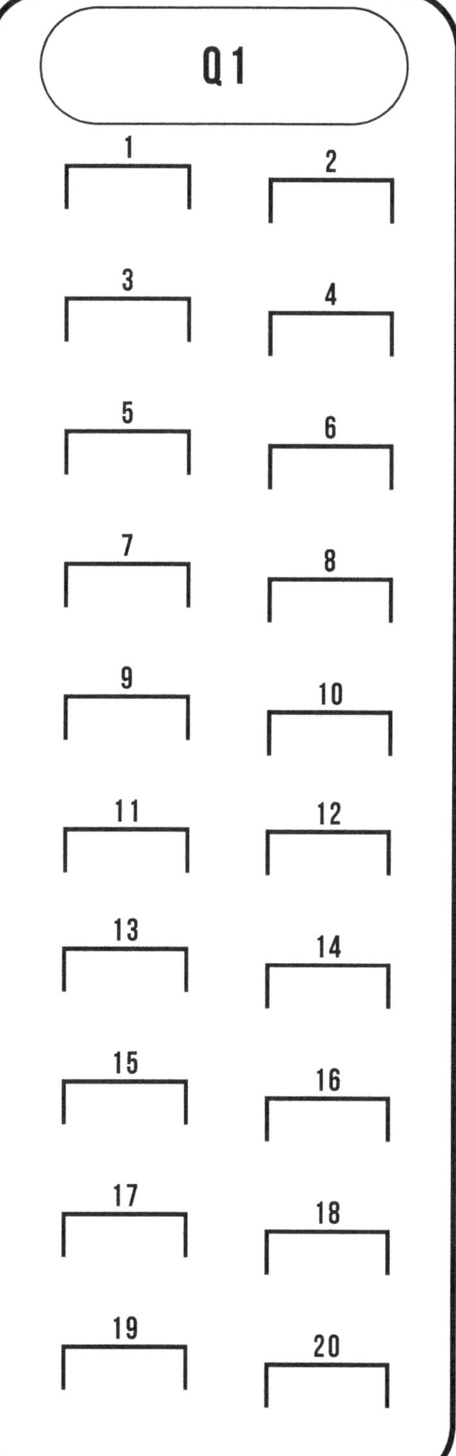

Q2

1

2

3

4

5

6

7

8

9

10

11

12

13

14

15

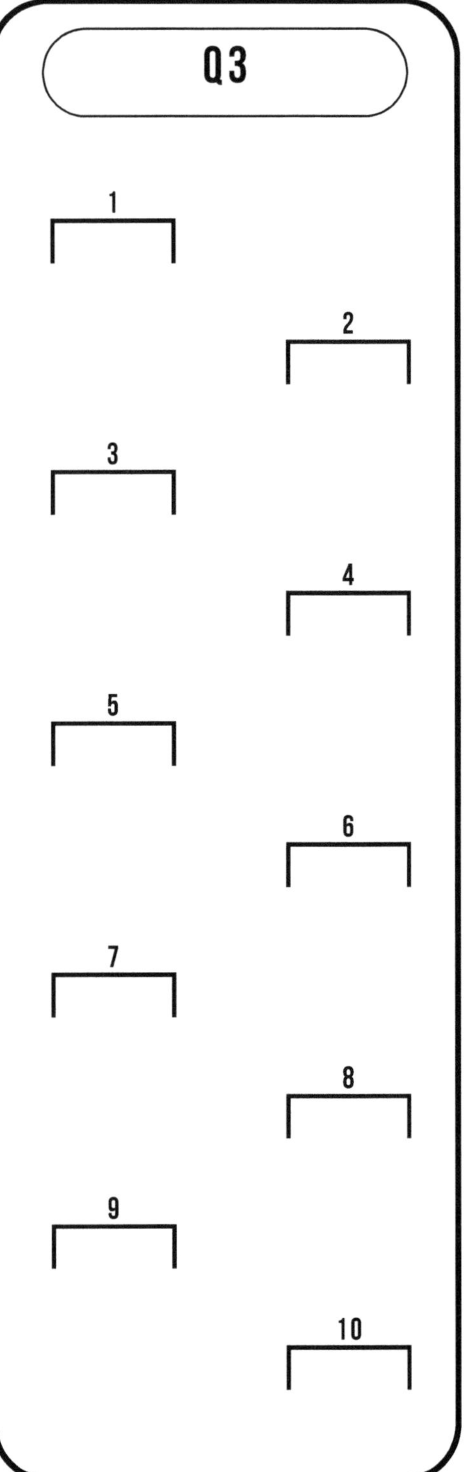

GRILLE DE DÉPART

1 2

3 4

5 6

7 8

9 10

11 12

13 14

15 16

17 18

19 20

CLASSEMENT

1 2

3 4

5 6

7 8

9 10

11 12

13 14

15 16

17 18

19 20

GRAND-PRIX 17:

CIRCUIT

INFORMATIONS DU CIRCUIT

ANNÉE PREMIÈRE COURSE

DERNIER VAINQUEUR

PREMIER VAINQUEUR

COURSE

#TOURS:

RECORD DU TOUR

DISTANCE COURSE:

LONGUEUR CIRCUIT:

MÉTÉO

JOUR 1

JOUR 2

JOUR 3

PRÉDICTION PODIUM

1. ....

EXACT ?

2. ....

EXACT ?

3. ....

EXACT ?

QUI AURA LA POLE POSITION ?

EXACT ?

....

TOTAL

COMBIEN DE DNF PENDANT LA COURSE ?

EXACT ?

....

/5

PROGRAMME

PILOTE DU JOUR

MON PILOTE DU JOUR

MOMENTS FORTS DU WEEK-END

ESSAIS 1

1 2

3 4

5 6

7 8

9 10

11 12

13 14

15 16

17 18

19 20

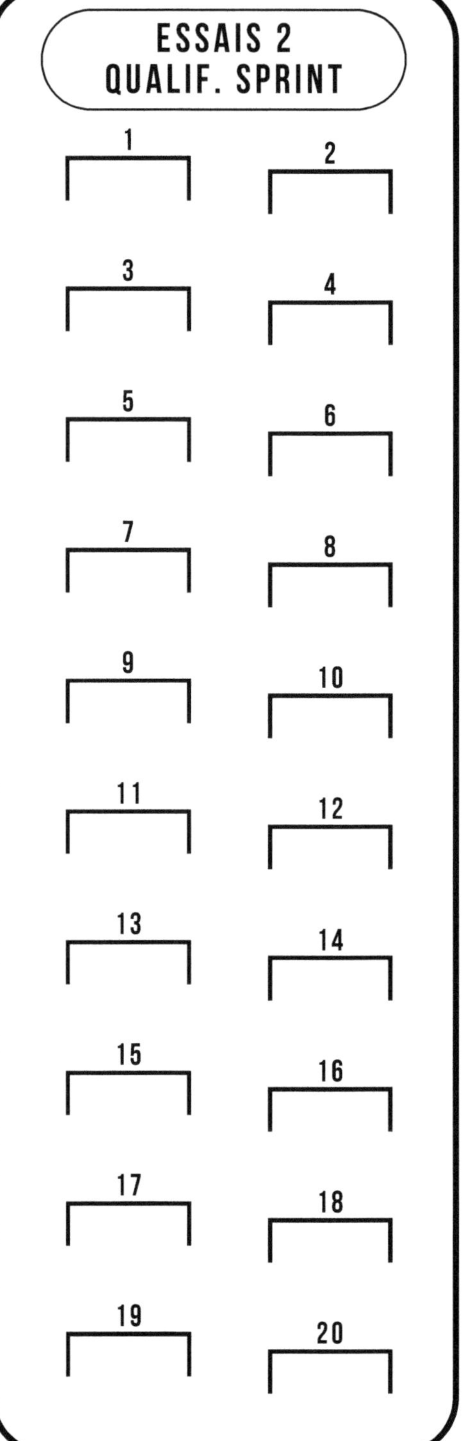

ESSAIS 3
SPRINT CLASSEMENT

1

2

3

4

5

6

7

8

9

10

11

12

13

14

15

16

17

18

19

20

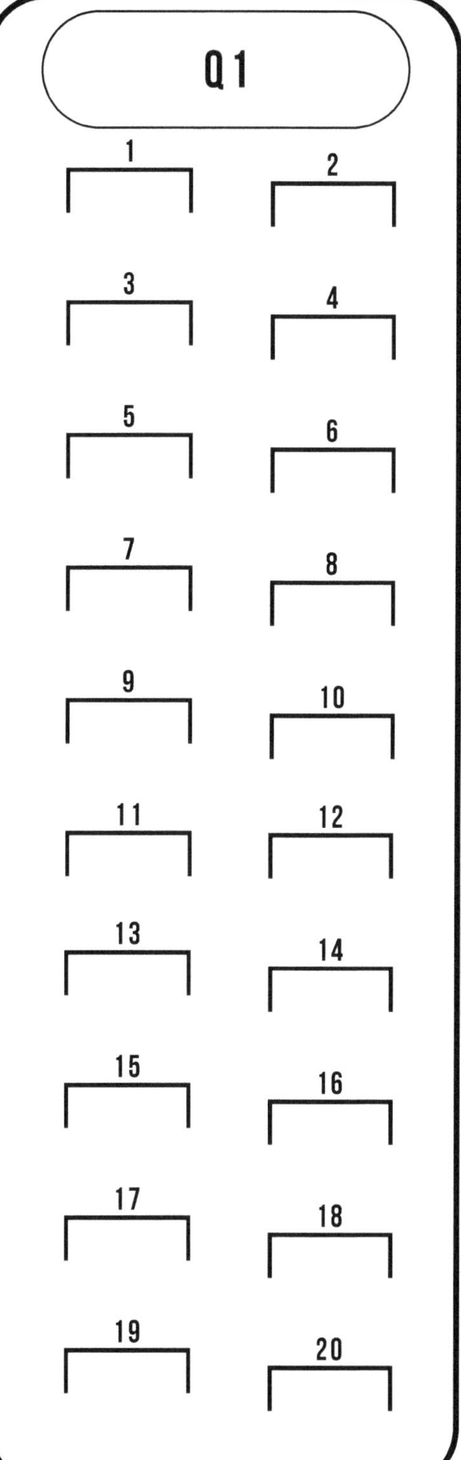

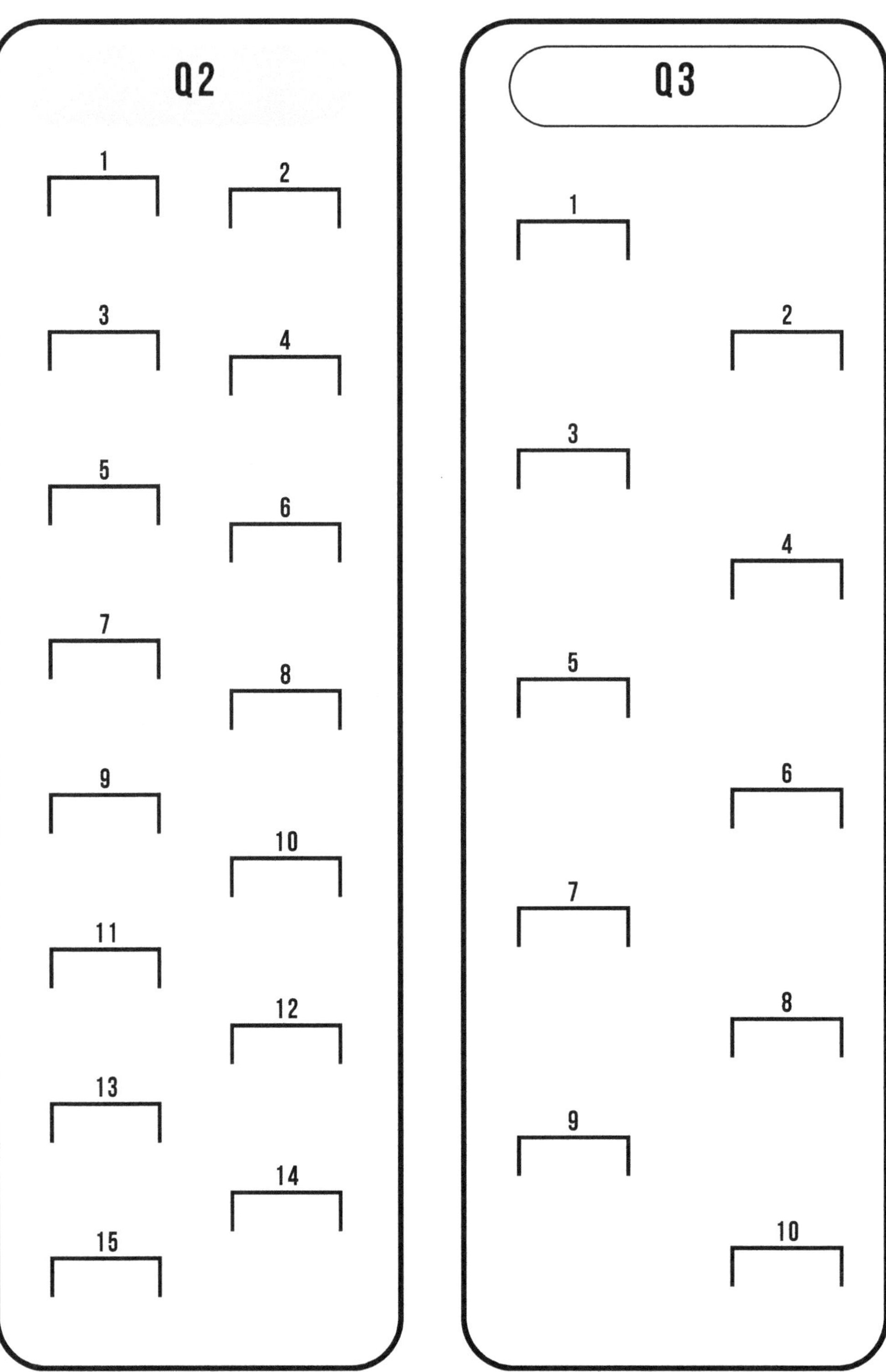

Q2
1
2
3
4
5
6
7
8
9
10
11
12
13
14
15
Q3
1
2
3
4
5
6
7
8
9
10

GRILLE DE DÉPART

1 2

3 4

5 6

7 8

9 10

11 12

13 14

15 16

17 18

19 20

CLASSEMENT

1 2

3 4

5 6

7 8

9 10

11 12

13 14

15 16

17 18

19 20

GRAND-PRIX 18:

CIRCUIT

INFORMATIONS DU CIRCUIT

ANNÉE PREMIÈRE COURSE

DERNIER VAINQUEUR

PREMIER VAINQUEUR

COURSE

#TOURS:

RECORD DU TOUR

DISTANCE COURSE:

LONGUEUR CIRCUIT:

MÉTÉO

JOUR 1

JOUR 2

JOUR 3

PRÉDICTION PODIUM

1. ____________ EXACT ?

2. ____________ EXACT ?

3. ____________ EXACT ?

QUI AURA LA POLE POSITION ?

____________ EXACT ?

TOTAL

COMBIEN DE DNF PENDANT LA COURSE ?

____________ EXACT ?

/5

PROGRAMME

PILOTE DU JOUR

MON PILOTE DU JOUR

MOMENTS FORTS DU WEEK-END

ESSAIS 1

1 2

3 4

5 6

7 8

9 10

11 12

13 14

15 16

17 18

19 20

ESSAIS 2
QUALIF. SPRINT

1 2

3 4

5 6

7 8

9 10

11 12

13 14

15 16

17 18

19 20

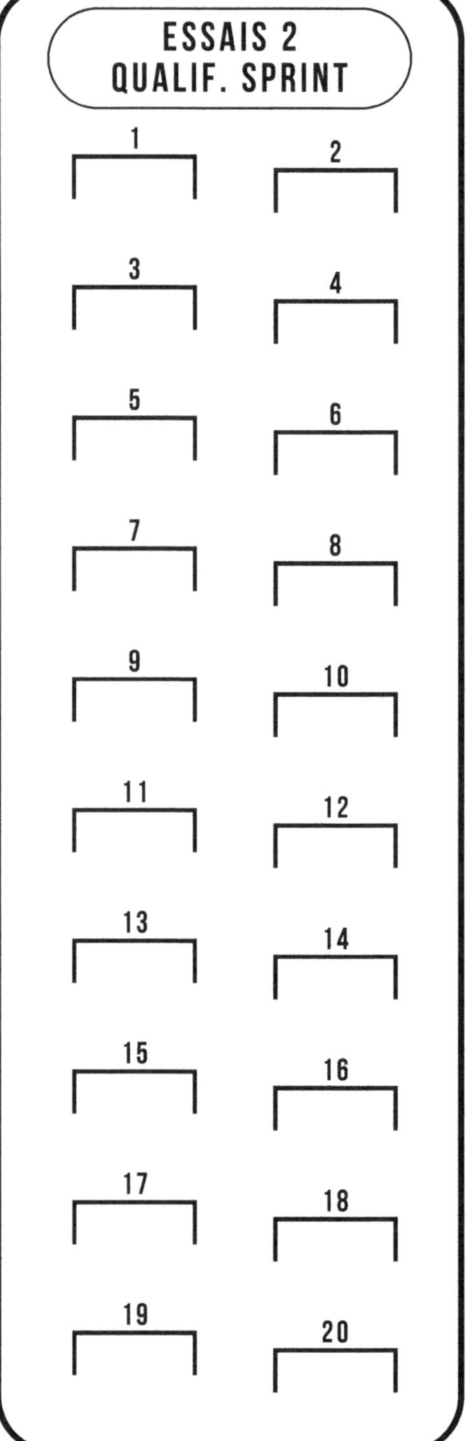

ESSAIS 3
SPRINT CLASSEMENT

1 2

3 4

5 6

7 8

9 10

11 12

13 14

15 16

17 18

19 20

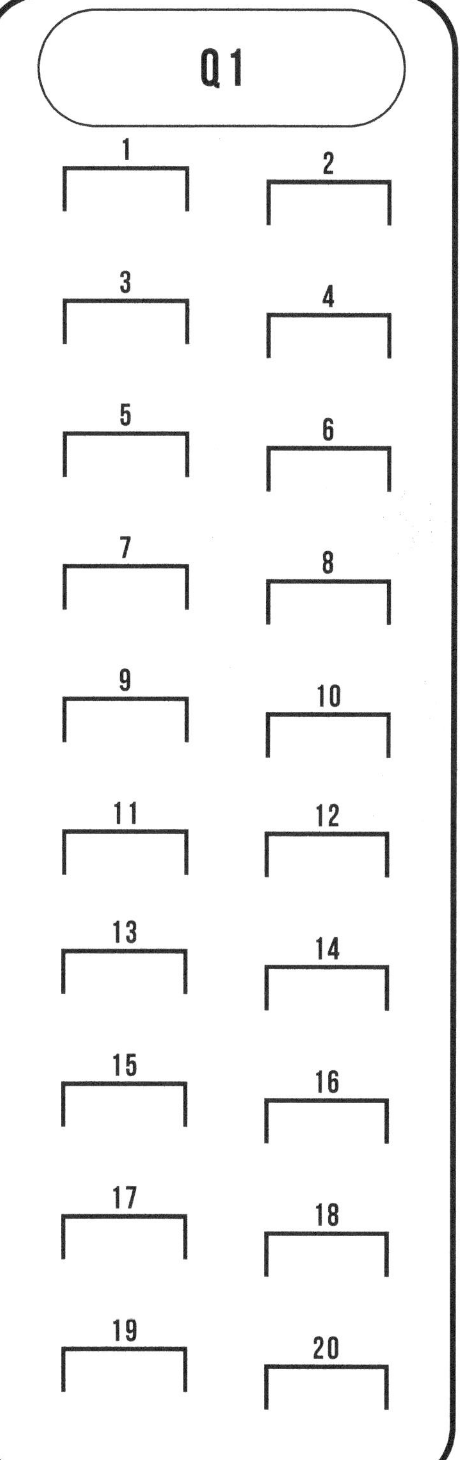

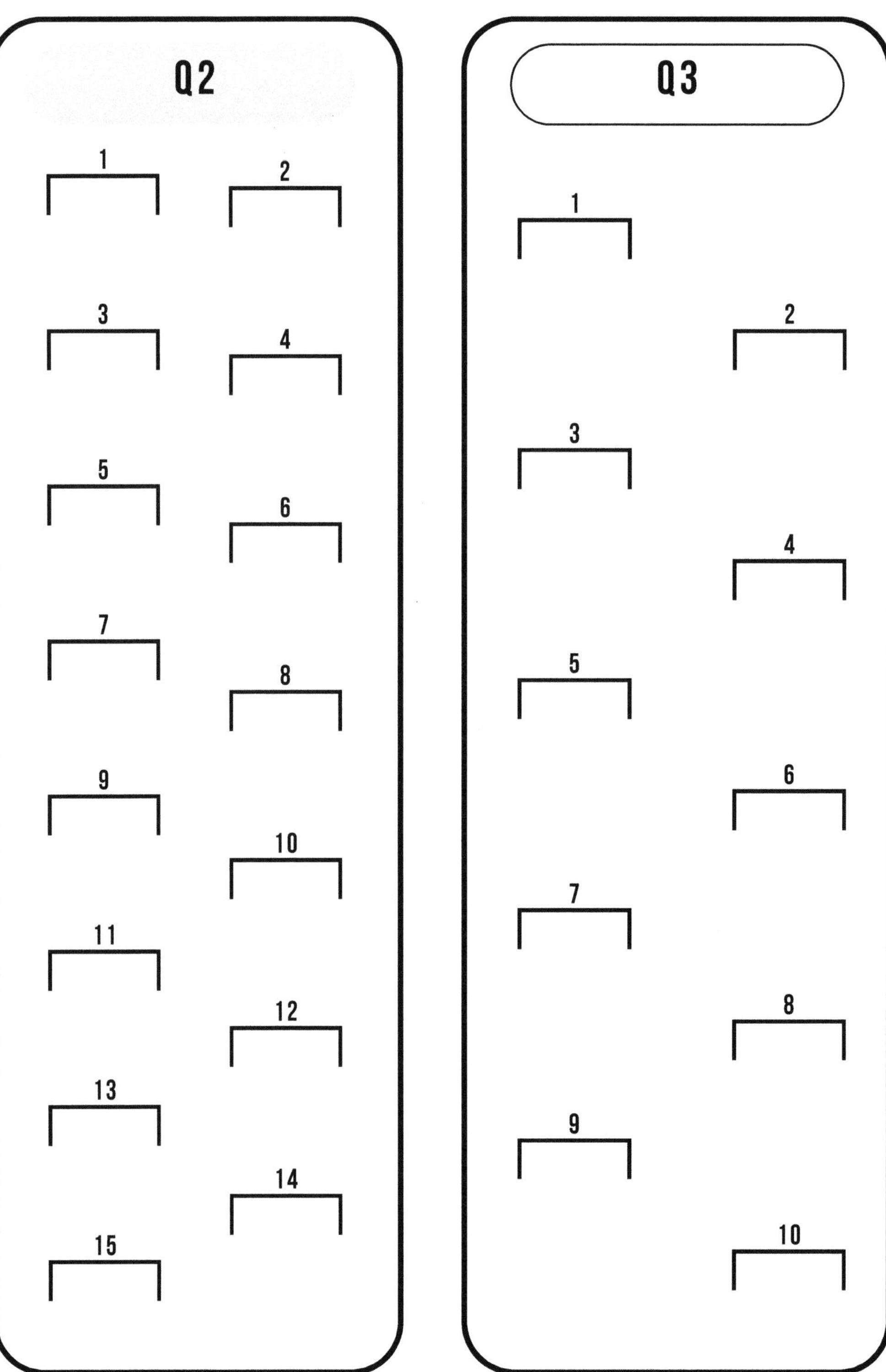
Q2
1
2
3
4
5
6
7
8
9
10
11
12
13
14
15
Q3
1
2
3
4
5
6
7
8
9
10

GRILLE DE DÉPART

1	2
3	4
5	6
7	8
9	10
11	12
13	14
15	16
17	18
19	20

CLASSEMENT

1	2
3	4
5	6
7	8
9	10
11	12
13	14
15	16
17	18
19	20

GRAND-PRIX 19:

CIRCUIT

INFORMATIONS DU CIRCUIT

ANNÉE PREMIÈRE COURSE

DERNIER VAINQUEUR

PREMIER VAINQUEUR

COURSE

#TOURS:

RECORD DU TOUR

DISTANCE COURSE:

LONGUEUR CIRCUIT:

MÉTÉO

JOUR 1

JOUR 2

JOUR 3

PRÉDICTION PODIUM

1. .... EXACT ?

2. .... EXACT ?

3. .... EXACT ?

QUI AURA LA POLE POSITION ? EXACT ?

....

COMBIEN DE DNF PENDANT LA COURSE ? EXACT ?

....

TOTAL

/ 5

PROGRAMME

PILOTE DU JOUR

MON PILOTE DU JOUR

MOMENTS FORTS DU WEEK-END

ESSAIS 1

1 2

3 4

5 6

7 8

9 10

11 12

13 14

15 16

17 18

19 20

ESSAIS 2
QUALIF. SPRINT

1 2

3 4

5 6

7 8

9 10

11 12

13 14

15 16

17 18

19 20

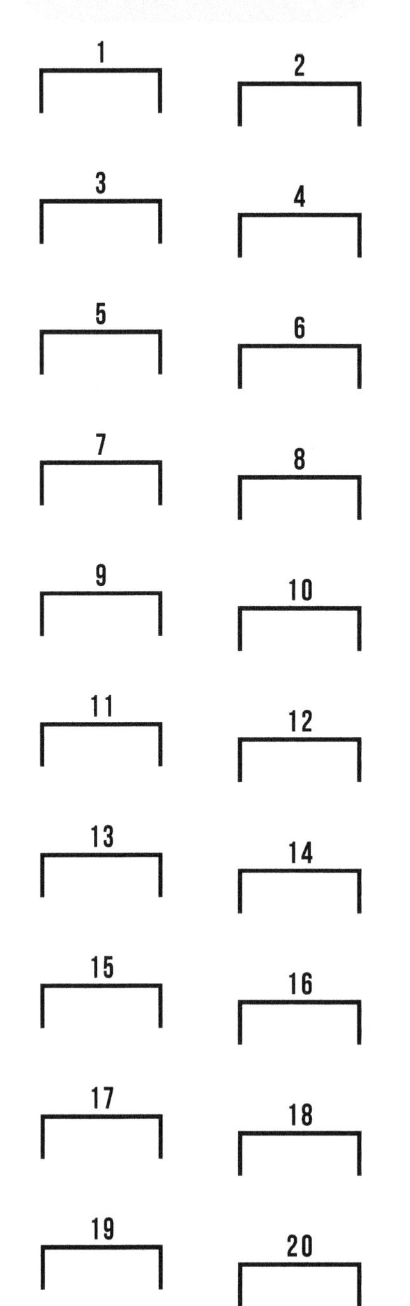

ESSAIS 3
SPRINT CLASSEMENT

1
2
3
4
5
6
7
8
9
10
11
12
13
14
15
16
17
18
19
20

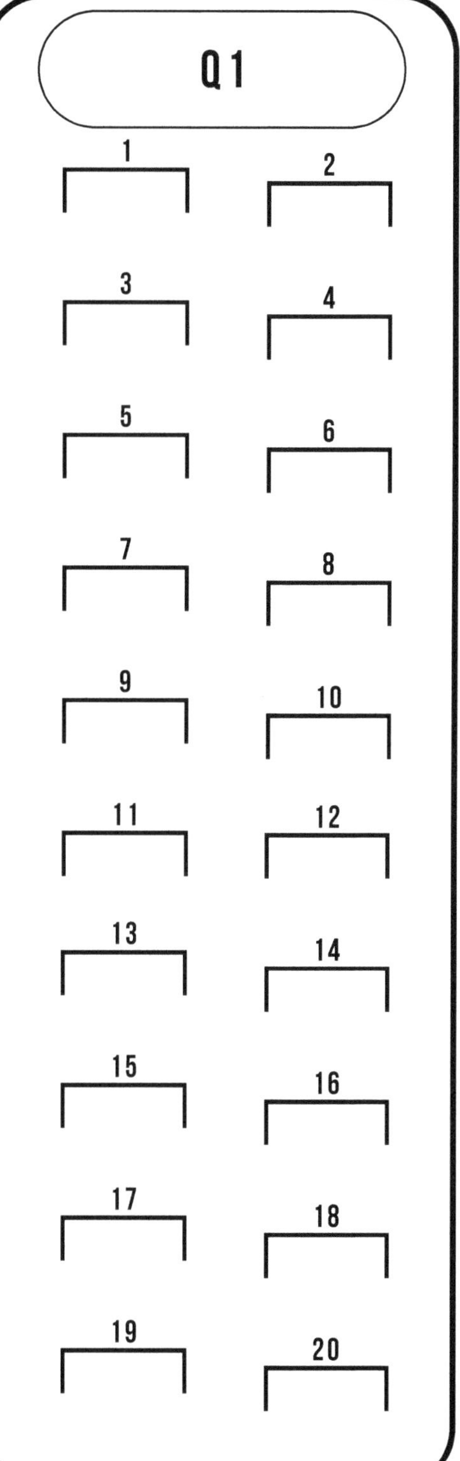

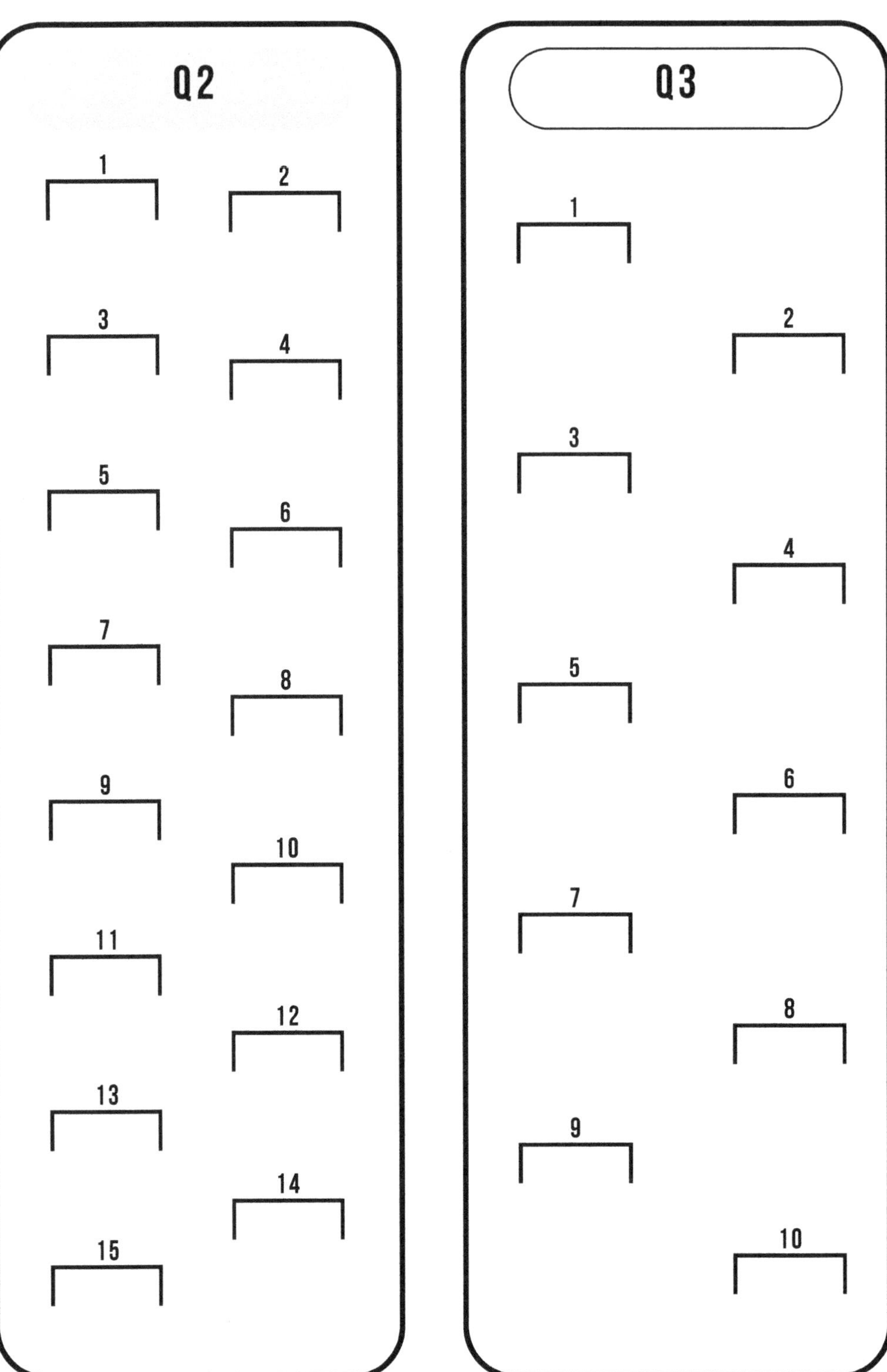

Q2
1
2
3
4
5
6
7
8
9
10
11
12
13
14
15
Q3
1
2
3
4
5
6
7
8
9
10

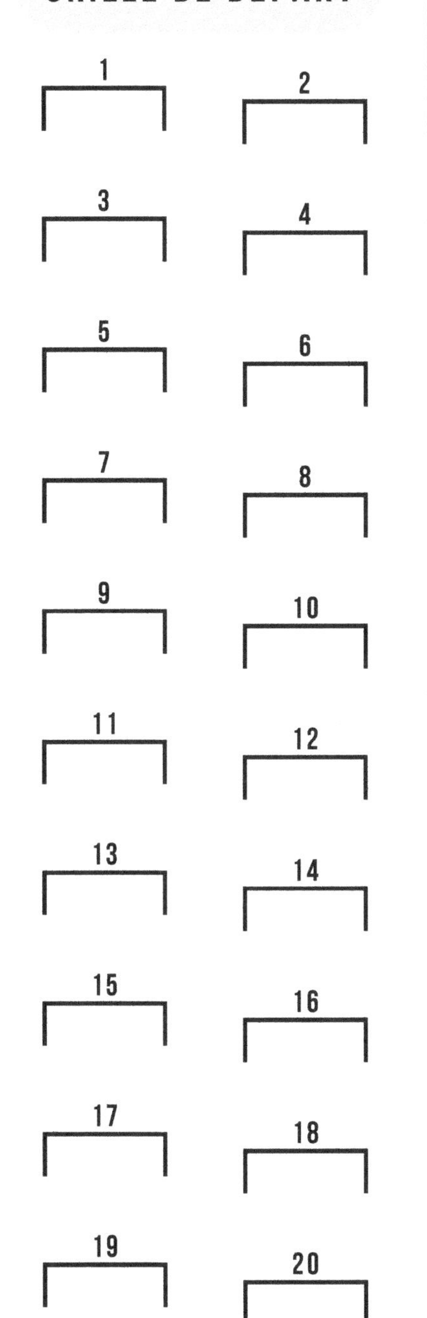

GRILLE DE DÉPART

1 2

3 4

5 6

7 8

9 10

11 12

13 14

15 16

17 18

19 20

CLASSEMENT

1 2

3 4

5 6

7 8

9 10

11 12

13 14

15 16

17 18

19 20

GRAND-PRIX 20:

CIRCUIT

INFORMATIONS DU CIRCUIT

ANNÉE PREMIÈRE COURSE

DERNIER VAINQUEUR

PREMIER VAINQUEUR

COURSE

#TOURS:

RECORD DU TOUR

DISTANCE COURSE:

LONGUEUR CIRCUIT:

MÉTÉO

JOUR 1

JOUR 2

JOUR 3

PRÉDICTION PODIUM

1. ....
EXACT ?

2. ....
EXACT ?

3. ....
EXACT ?

QUI AURA LA POLE POSITION ?

....

EXACT ?

COMBIEN DE DNF PENDANT LA COURSE ?

....

EXACT ?

TOTAL

/5

PROGRAMME

PILOTE DU JOUR

MON PILOTE DU JOUR

MOMENTS FORTS DU WEEK-END

ESSAIS 1

1 2

3 4

5 6

7 8

9 10

11 12

13 14

15 16

17 18

19 20

ESSAIS 2
QUALIF. SPRINT

1 2

3 4

5 6

7 8

9 10

11 12

13 14

15 16

17 18

19 20

ESSAIS 3
SPRINT CLASSEMENT

1 2

3 4

5 6

7 8

9 10

11 12

13 14

15 16

17 18

19 20

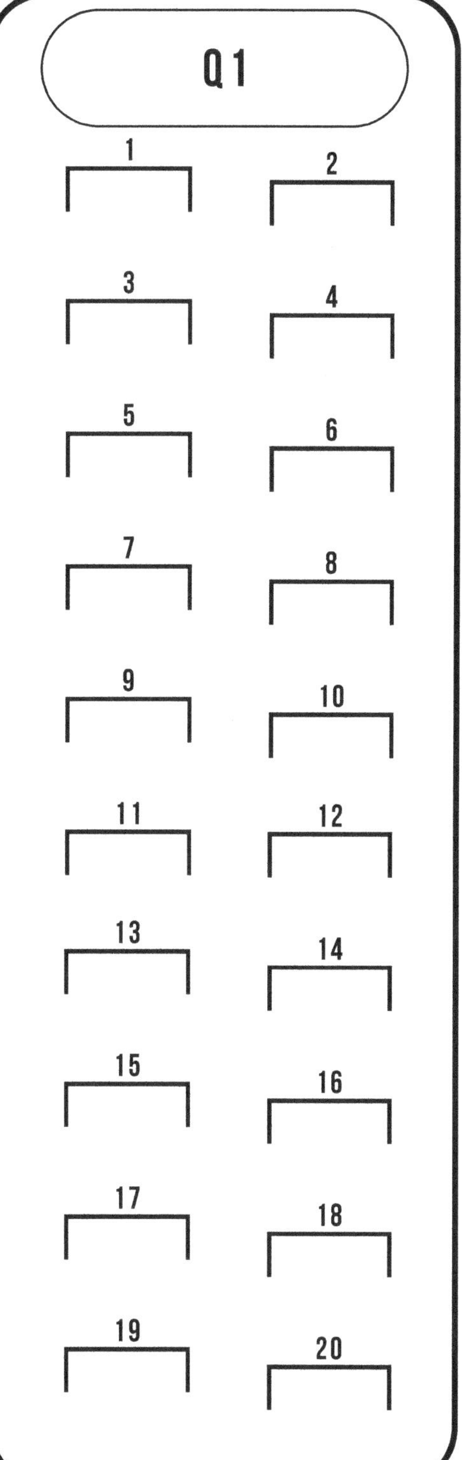

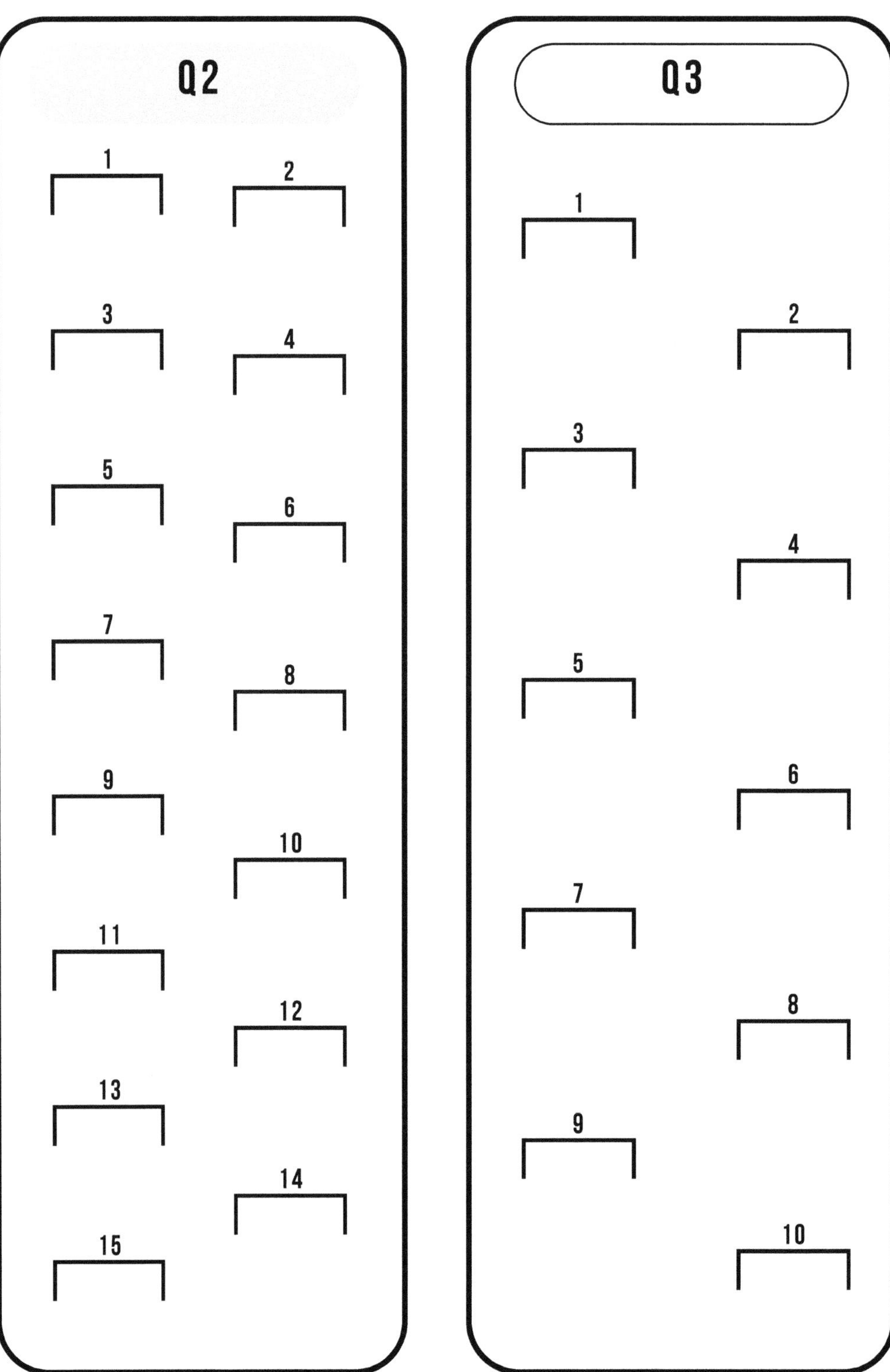
Q2
1
2
3
4
5
6
7
8
9
10
11
12
13
14
15
Q3
1
2
3
4
5
6
7
8
9
10

GRILLE DE DÉPART

1
2
3
4
5
6
7
8
9
10
11
12
13
14
15
16
17
18
19
20

CLASSEMENT

1
2
3
4
5
6
7
8
9
10
11
12
13
14
15
16
17
18
19
20

GRAND-PRIX 21:

CIRCUIT

INFORMATIONS DU CIRCUIT

ANNÉE PREMIÈRE COURSE

DERNIER VAINQUEUR

PREMIER VAINQUEUR

COURSE

#TOURS:

RECORD DU TOUR

DISTANCE COURSE:

LONGUEUR CIRCUIT:

MÉTÉO

JOUR 1

JOUR 2

JOUR 3

PRÉDICTION PODIUM

1. .... EXACT ?

2. .... EXACT ?

3. .... EXACT ?

QUI AURA LA POLE POSITION ?

....

EXACT ?

TOTAL

COMBIEN DE DNF PENDANT LA COURSE ?

....

EXACT ?

/5

PROGRAMME

PILOTE DU JOUR

MON PILOTE DU JOUR

MOMENTS FORTS DU WEEK-END

ESSAIS 1

1 2
3 4
5 6
7 8
9 10
11 12
13 14
15 16
17 18
19 20

ESSAIS 2
QUALIF. SPRINT

1 2
3 4
5 6
7 8
9 10
11 12
13 14
15 16
17 18
19 20

ESSAIS 3
SPRINT CLASSEMENT

1 2
3 4
5 6
7 8
9 10
11 12
13 14
15 16
17 18
19 20

Q1

1 2
3 4
5 6
7 8
9 10
11 12
13 14
15 16
17 18
19 20

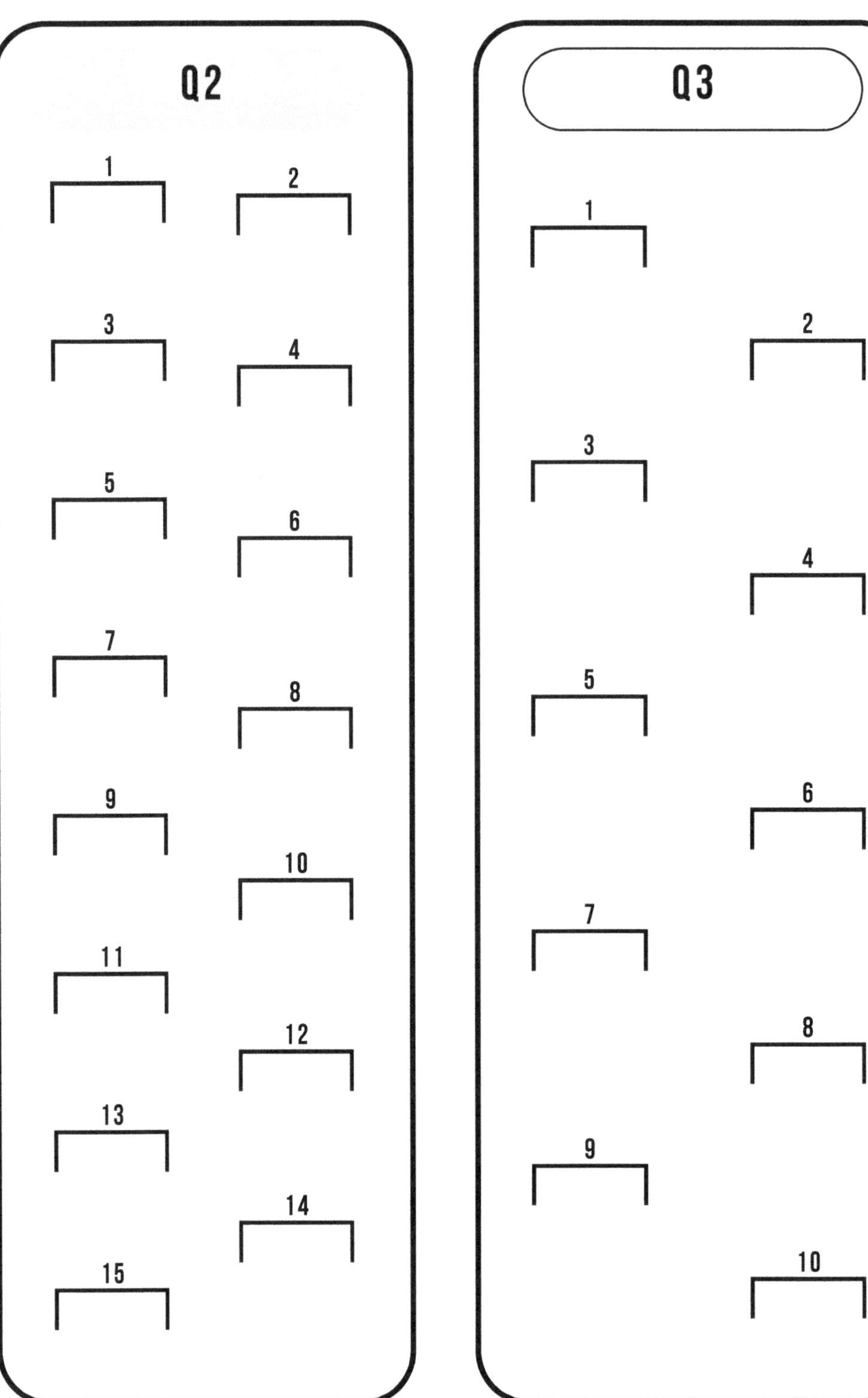

Q2
1
2
3
4
5
6
7
8
9
10
11
12
13
14
15
Q3
1
2
3
4
5
6
7
8
9
10

GRILLE DE DÉPART

1 2
3 4
5 6
7 8
9 10
11 12
13 14
15 16
17 18
19 20

CLASSEMENT

1 2
3 4
5 6
7 8
9 10
11 12
13 14
15 16
17 18
19 20

GRAND-PRIX 22:

CIRCUIT

INFORMATIONS DU CIRCUIT

ANNÉE PREMIÈRE COURSE

DERNIER VAINQUEUR

PREMIER VAINQUEUR

COURSE

#TOURS:

RECORD DU TOUR

DISTANCE COURSE:

LONGUEUR CIRCUIT:

MÉTÉO

JOUR 1

JOUR 2

JOUR 3

PRÉDICTION PODIUM

1. .... EXACT ?

2. .... EXACT ?

3. .... EXACT ?

QUI AURA LA POLE POSITION ?

.... EXACT ?

COMBIEN DE DNF PENDANT LA COURSE ?

.... EXACT ?

TOTAL

/5

PROGRAMME

PILOTE DU JOUR

MON PILOTE DU JOUR

MOMENTS FORTS DU WEEK-END

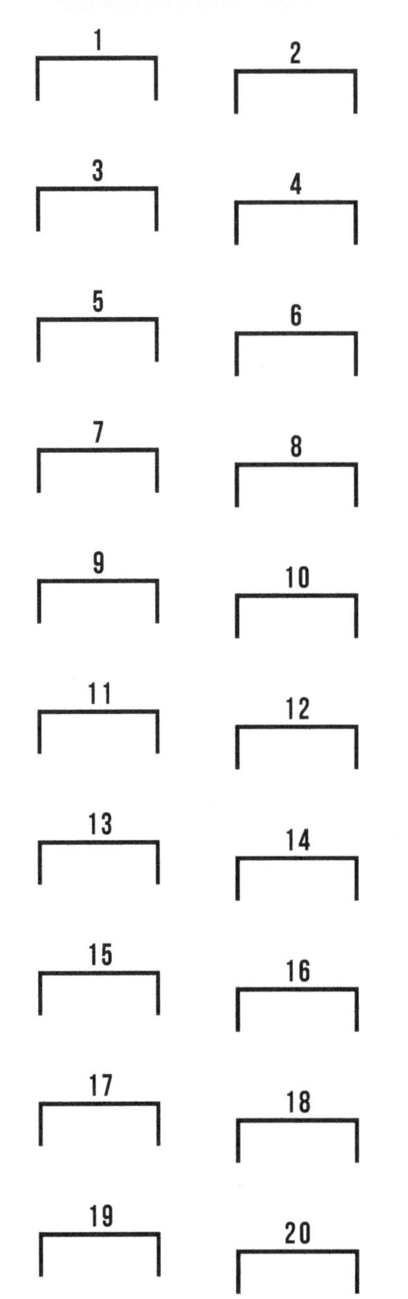

ESSAIS 2
QUALIF. SPRINT

1 2

3 4

5 6

7 8

9 10

11 12

13 14

15 16

17 18

19 20

ESSAIS 3
SPRINT CLASSEMENT

1 2

3 4

5 6

7 8

9 10

11 12

13 14

15 16

17 18

19 20

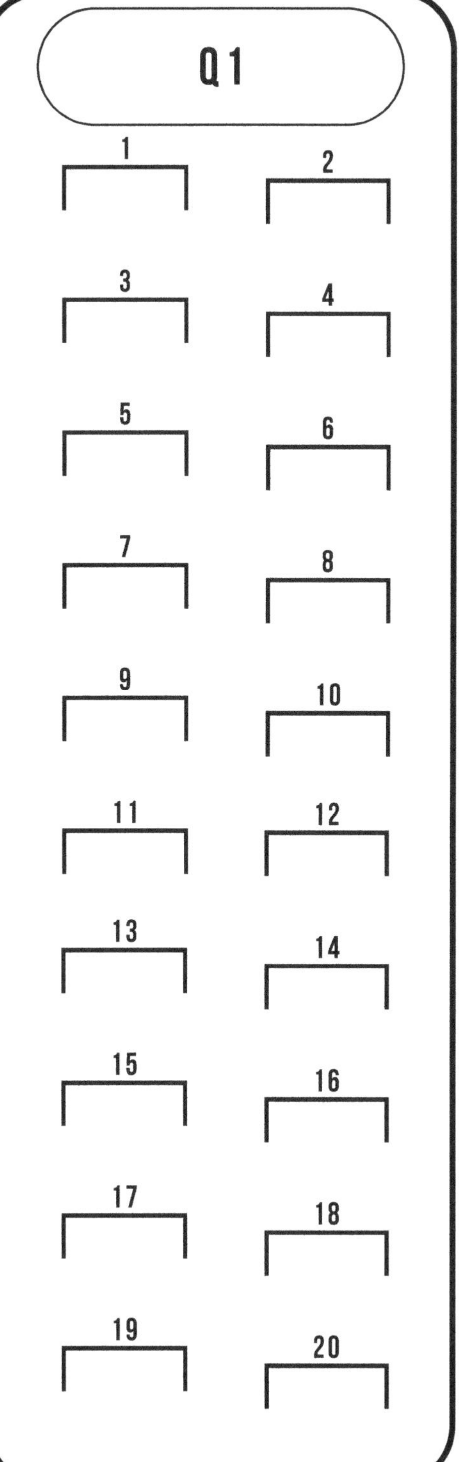

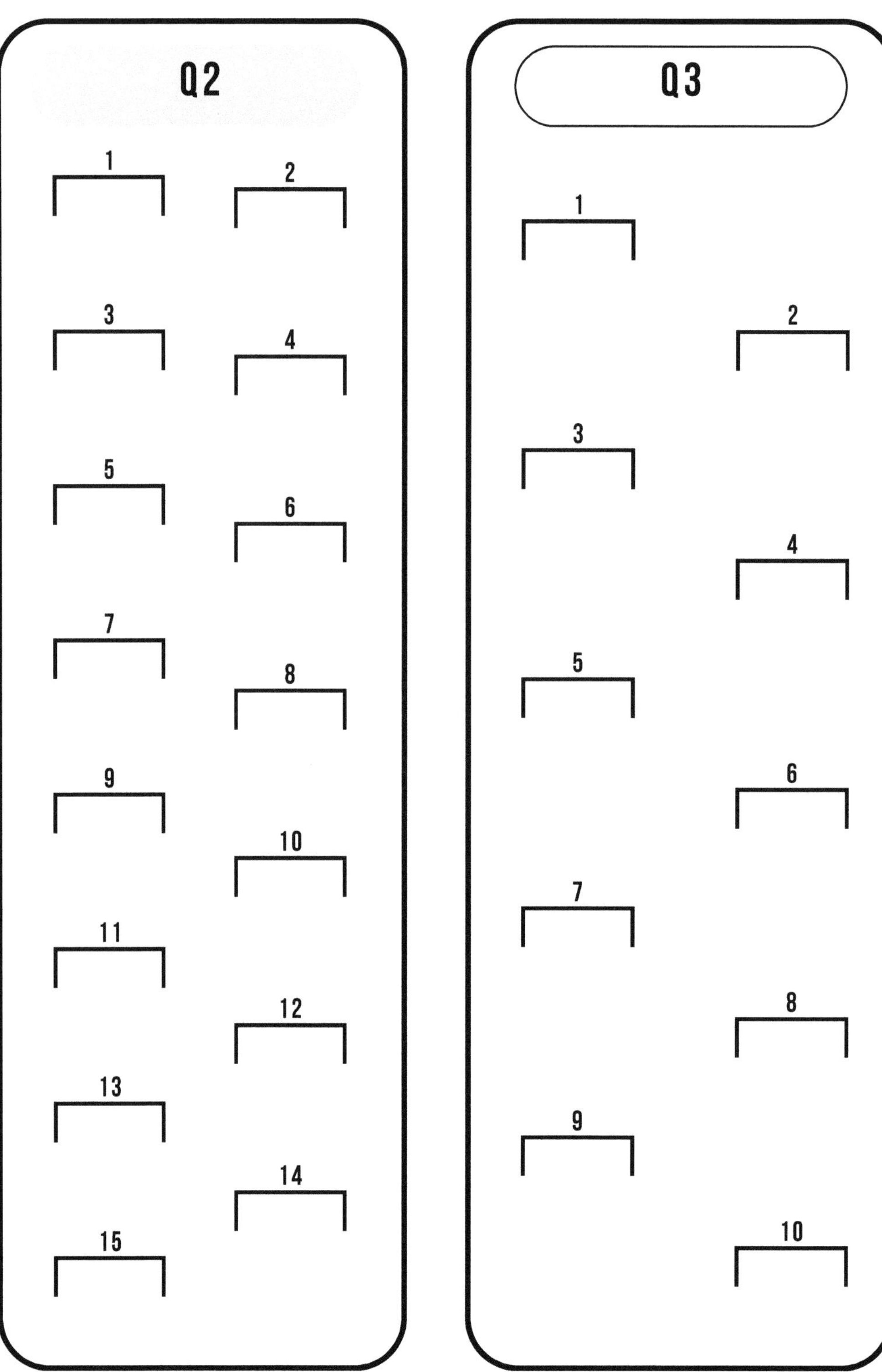
Q2
1
2
3
4
5
6
7
8
9
10
11
12
13
14
15
Q3
1
2
3
4
5
6
7
8
9
10

GRILLE DE DÉPART

1

2

3

4

5

6

7

8

9

10

11

12

13

14

15

16

17

18

19

20

CLASSEMENT

1

2

3

4

5

6

7

8

9

10

11

12

13

14

15

16

17

18

19

20

GRAND-PRIX 23:

CIRCUIT

INFORMATIONS DU CIRCUIT

ANNÉE PREMIÈRE COURSE

DERNIER VAINQUEUR

PREMIER VAINQUEUR

COURSE

#TOURS:

RECORD DU TOUR

DISTANCE COURSE:

LONGUEUR CIRCUIT:

MÉTÉO

JOUR 1

JOUR 2

JOUR 3

PRÉDICTION PODIUM

1. ....

EXACT ?

2. ....

EXACT ?

3. ....

EXACT ?

QUI AURA LA POLE POSITION ?

....

EXACT ?

COMBIEN DE DNF PENDANT LA COURSE ?

....

EXACT ?

TOTAL

/ 5

PROGRAMME

PILOTE DU JOUR

MON PILOTE DU JOUR

MOMENTS FORTS DU WEEK-END

ESSAIS 1

1 2
3 4
5 6
7 8
9 10
11 12
13 14
15 16
17 18
19 20

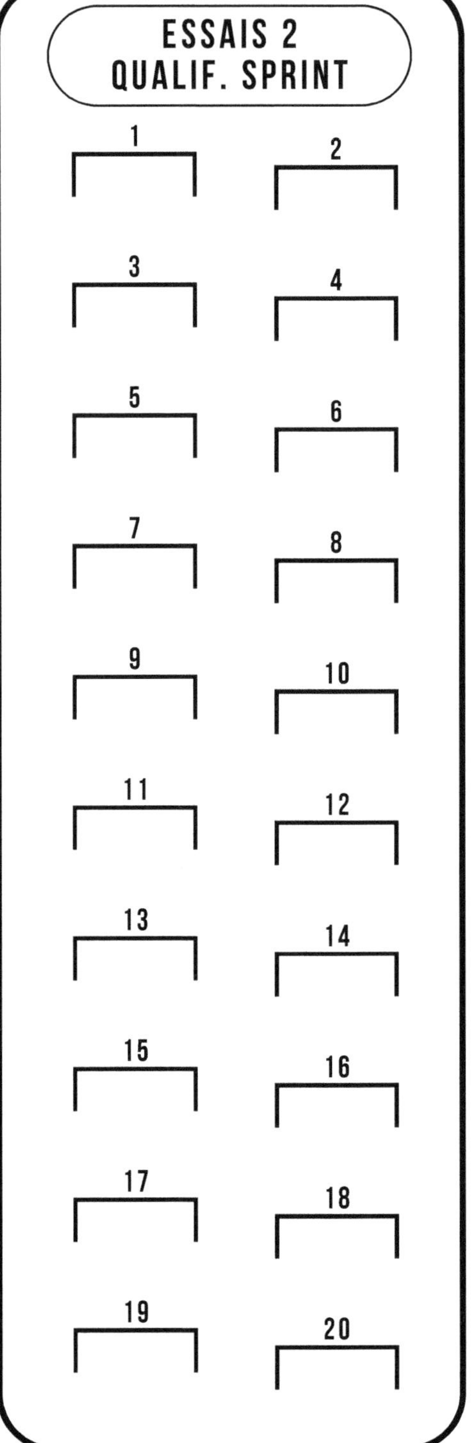

ESSAIS 3
SPRINT CLASSEMENT

1 2 3 4 5 6 7 8 9 10 11 12 13 14 15 16 17 18 19 20

Q1

1 2 3 4 5 6 7 8 9 10 11 12 13 14 15 16 17 18 19 20

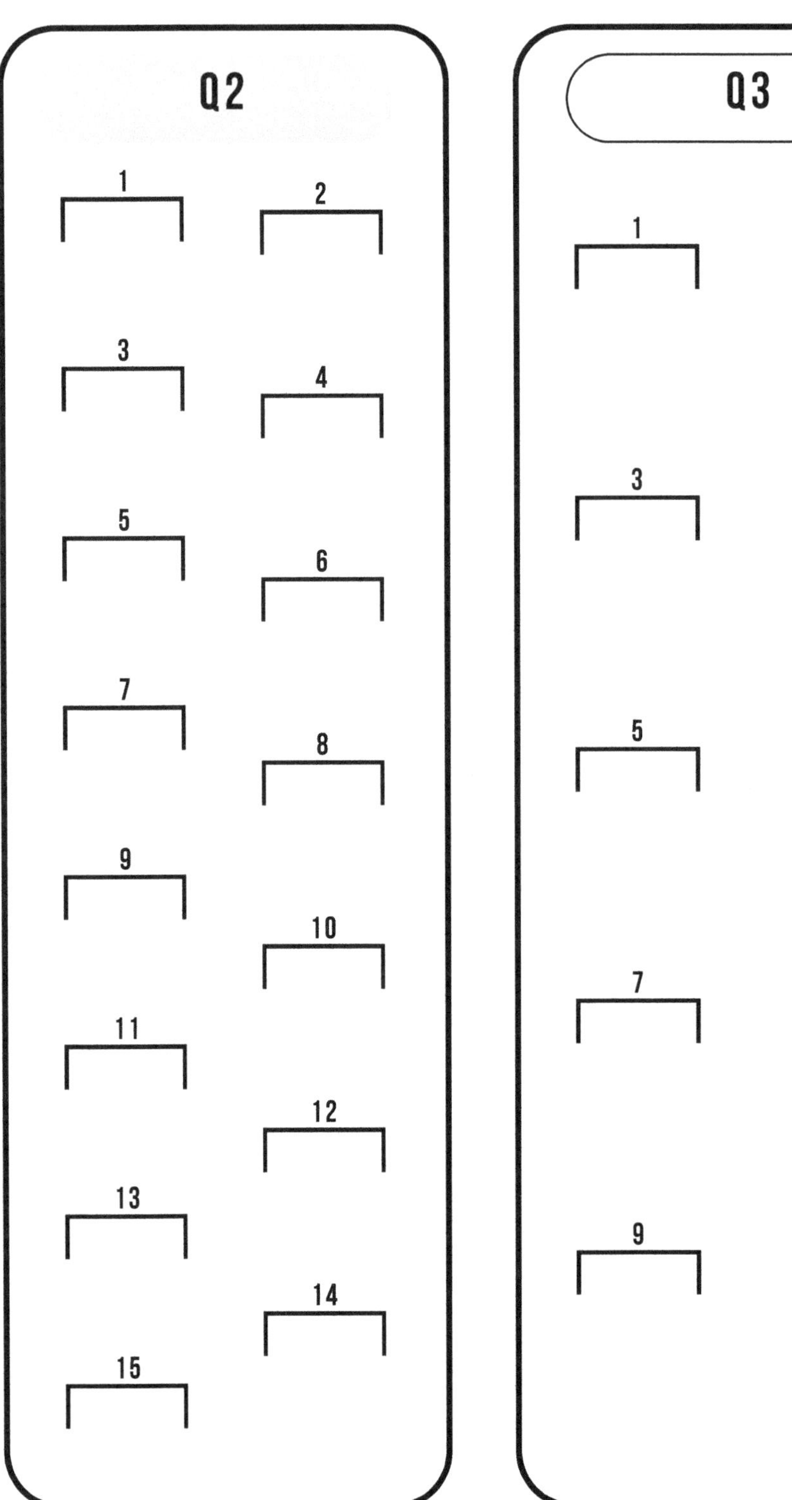
Q2
1
2
3
4
5
6
7
8
9
10
11
12
13
14
15
Q3
1
2
3
4
5
6
7
8
9
10

GRILLE DE DÉPART

1	2
3	4
5	6
7	8
9	10
11	12
13	14
15	16
17	18
19	20

CLASSEMENT

1	2
3	4
5	6
7	8
9	10
11	12
13	14
15	16
17	18
19	20

GRAND-PRIX 24:

CIRCUIT

INFORMATIONS DU CIRCUIT

ANNÉE PREMIÈRE COURSE

DERNIER VAINQUEUR

PREMIER VAINQUEUR

COURSE

#TOURS:

RECORD DU TOUR

DISTANCE COURSE:

LONGUEUR CIRCUIT:

MÉTÉO

JOUR 1

JOUR 2

JOUR 3

PRÉDICTION PODIUM

1. .... EXACT ?

2. .... EXACT ?

3. .... EXACT ?

QUI AURA LA POLE POSITION ? EXACT ?

....

TOTAL

COMBIEN DE DNF PENDANT LA COURSE ? EXACT ?

....

/5

PROGRAMME

PILOTE DU JOUR

MON PILOTE DU JOUR

MOMENTS FORTS DU WEEK-END

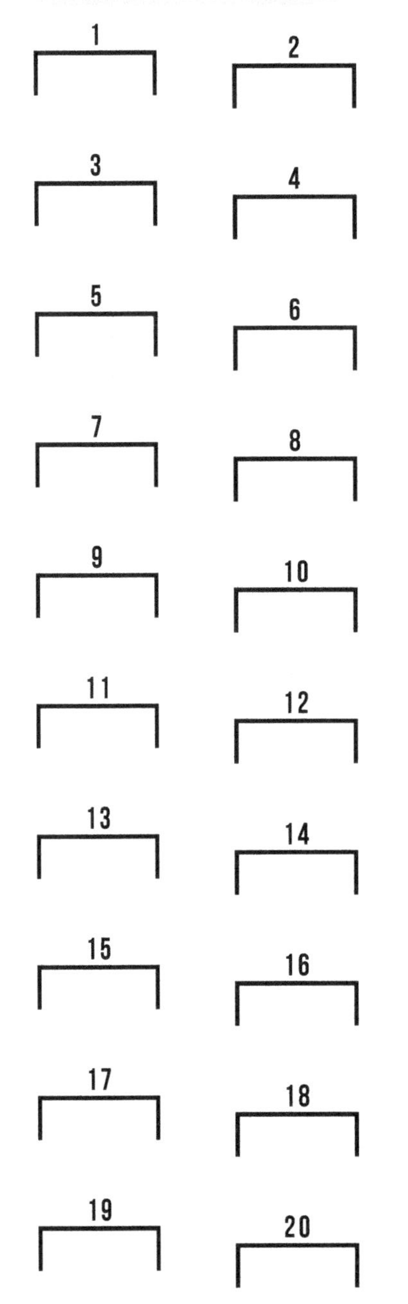

ESSAIS 2
QUALIF. SPRINT

1 2

3 4

5 6

7 8

9 10

11 12

13 14

15 16

17 18

19 20

ESSAIS 3
SPRINT CLASSEMENT

1

2

3

4

5

6

7

8

9

10

11

12

13

14

15

16

17

18

19

20

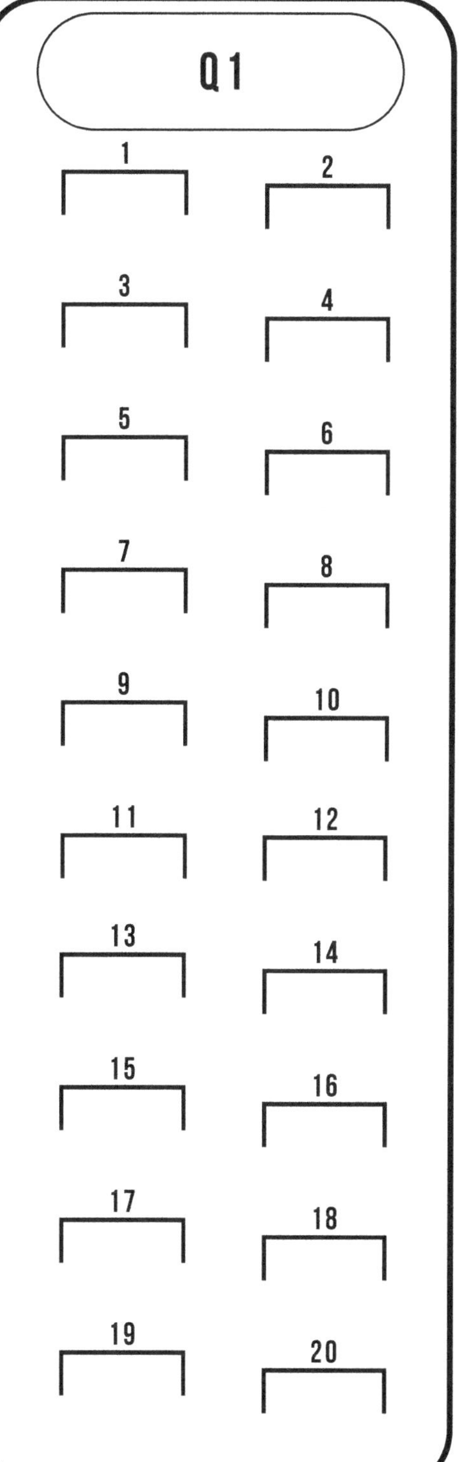

Q2

1 2

3 4

5 6

7 8

9 10

11 12

13 14

15

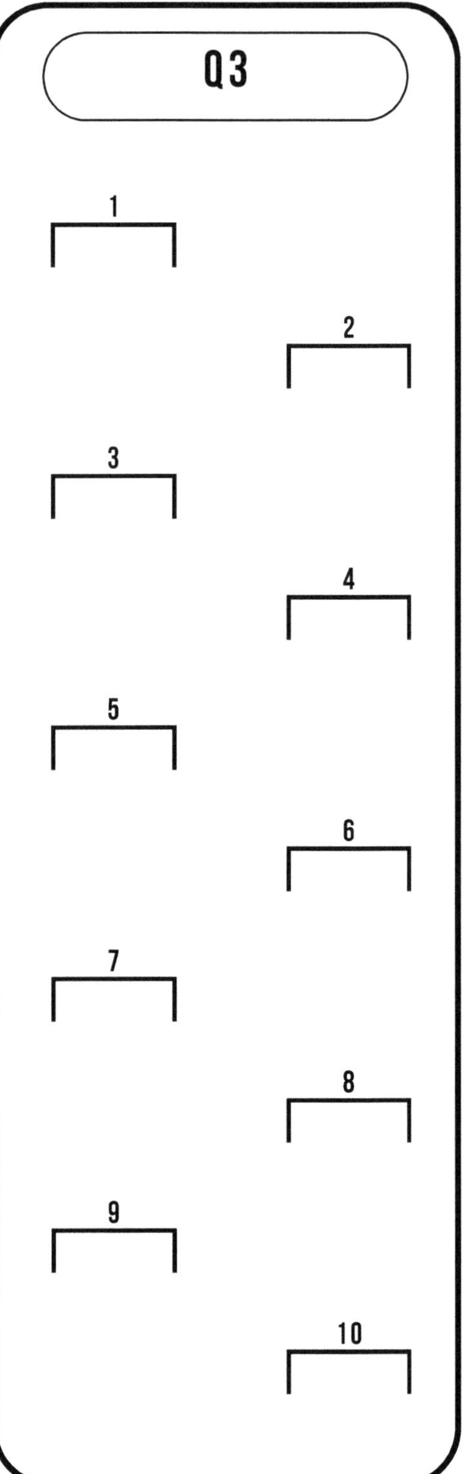

GRILLE DE DÉPART

1 2

3 4

5 6

7 8

9 10

11 12

13 14

15 16

17 18

19 20

CLASSEMENT

1 2

3 4

5 6

7 8

9 10

11 12

13 14

15 16

17 18

19 20

RÉSULTATS DE LA SAISON

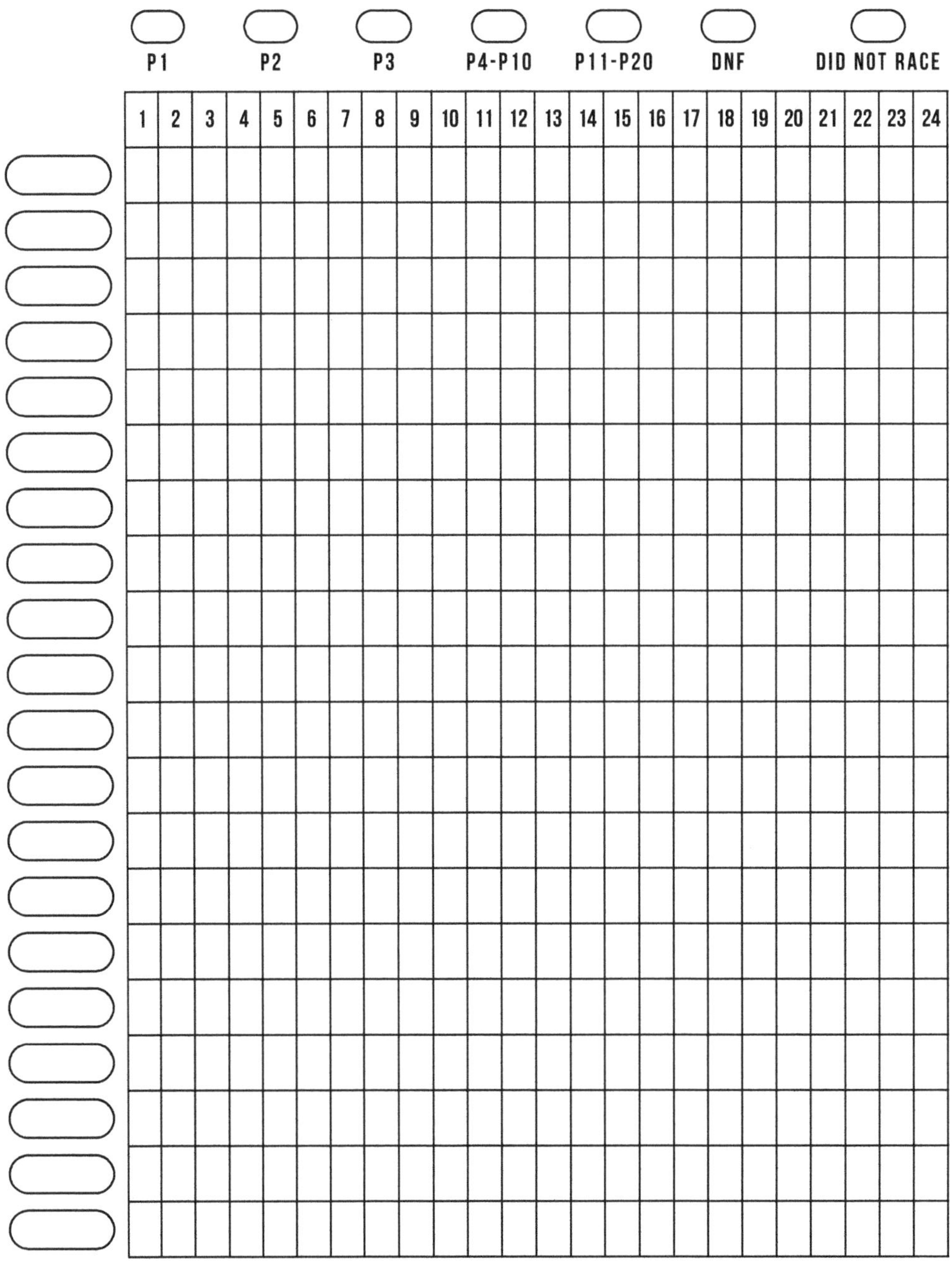

CLASSEMENT CONSTRUCTEURS

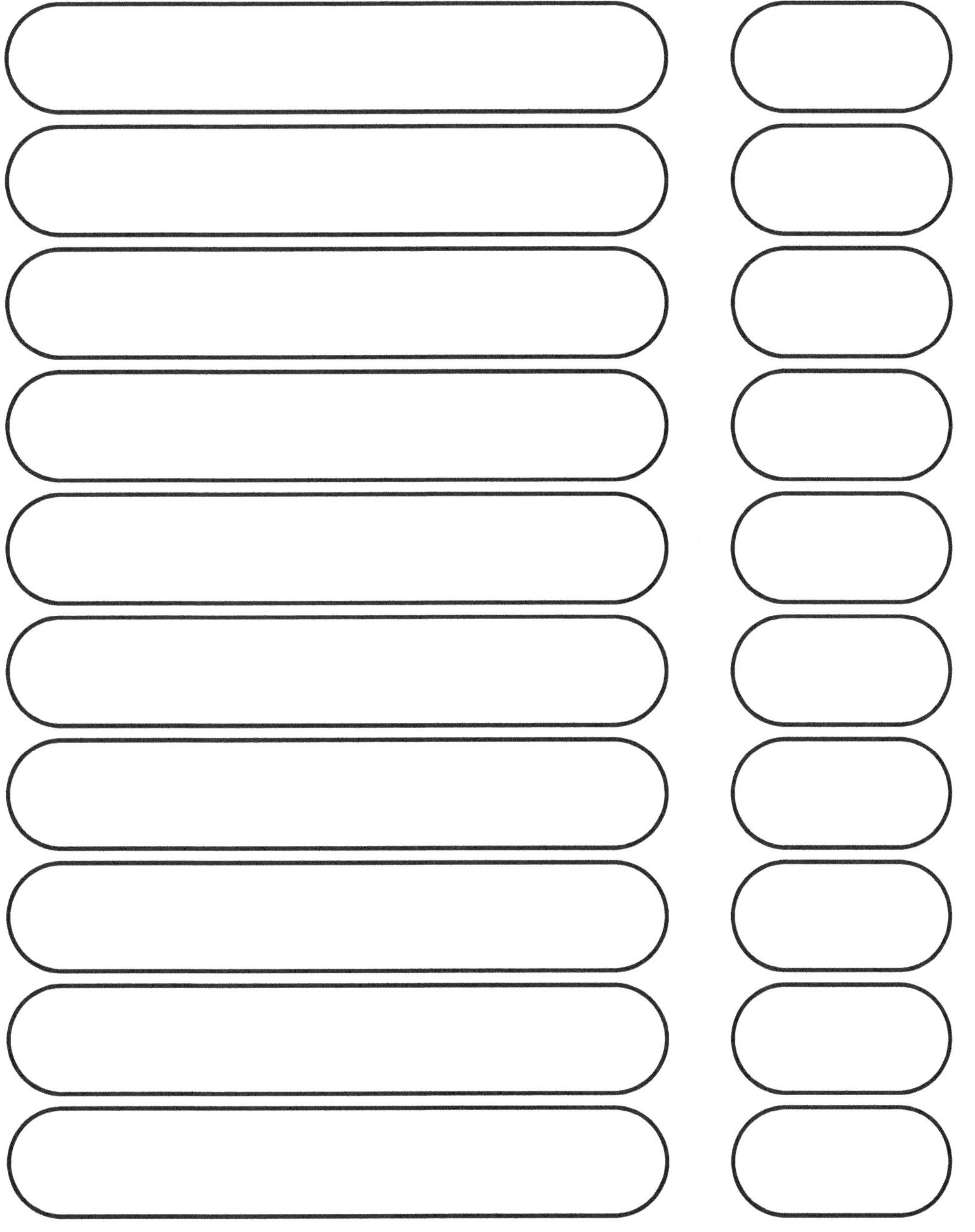

CLASSEMENT PILOTES

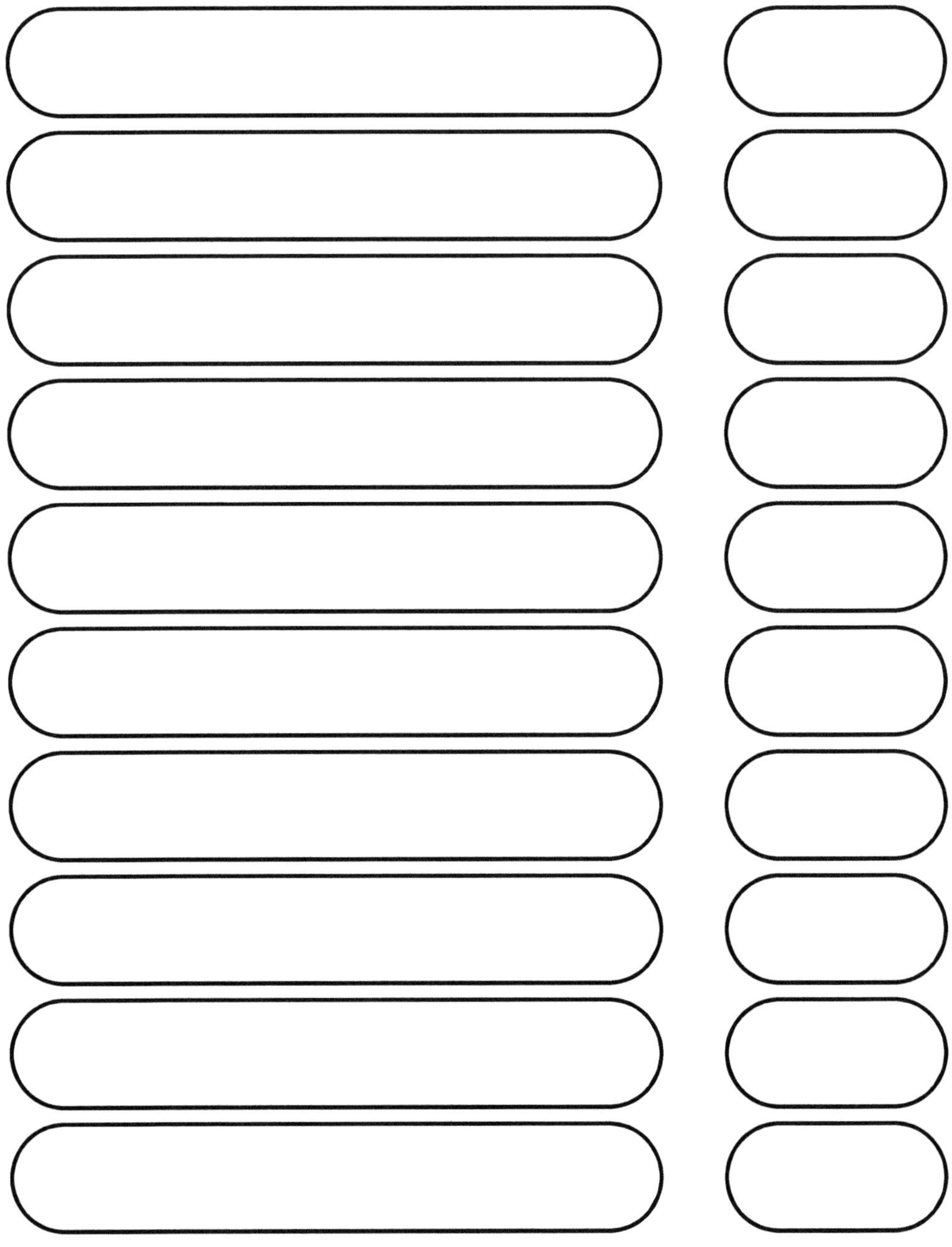

CLASSEMENT PILOTES

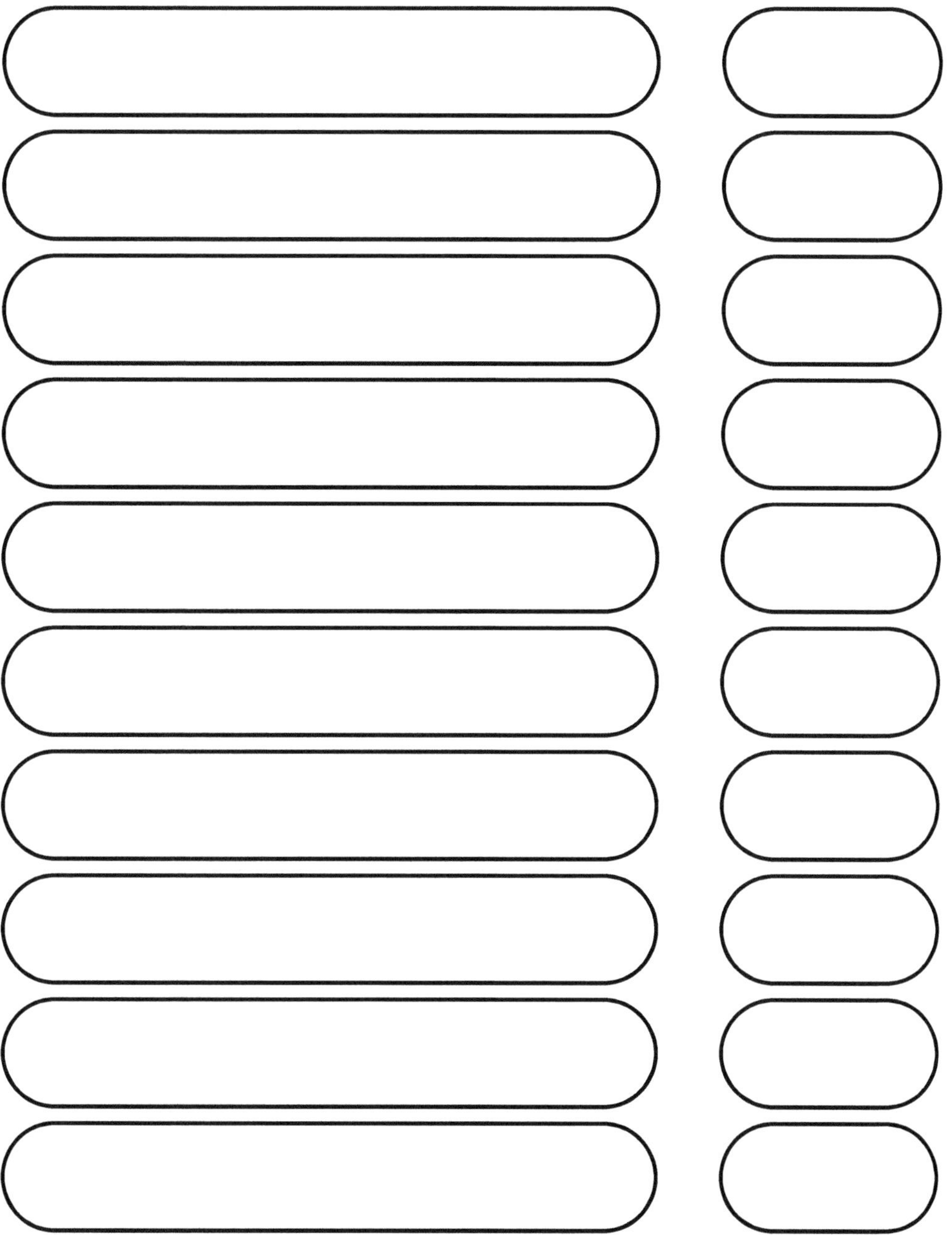

NOTES DES GRAND-PRIX

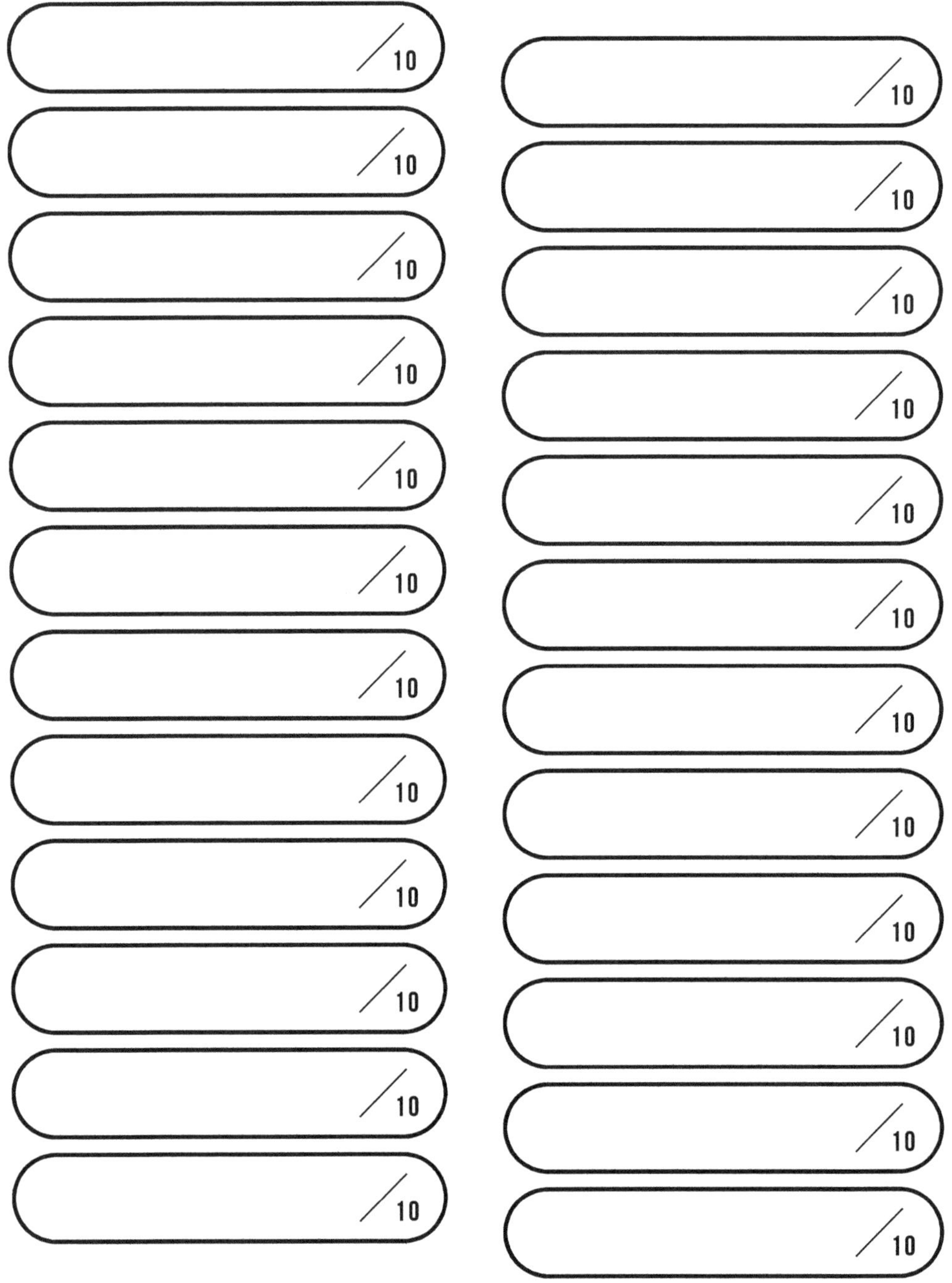

BINGO DE LA SAISON

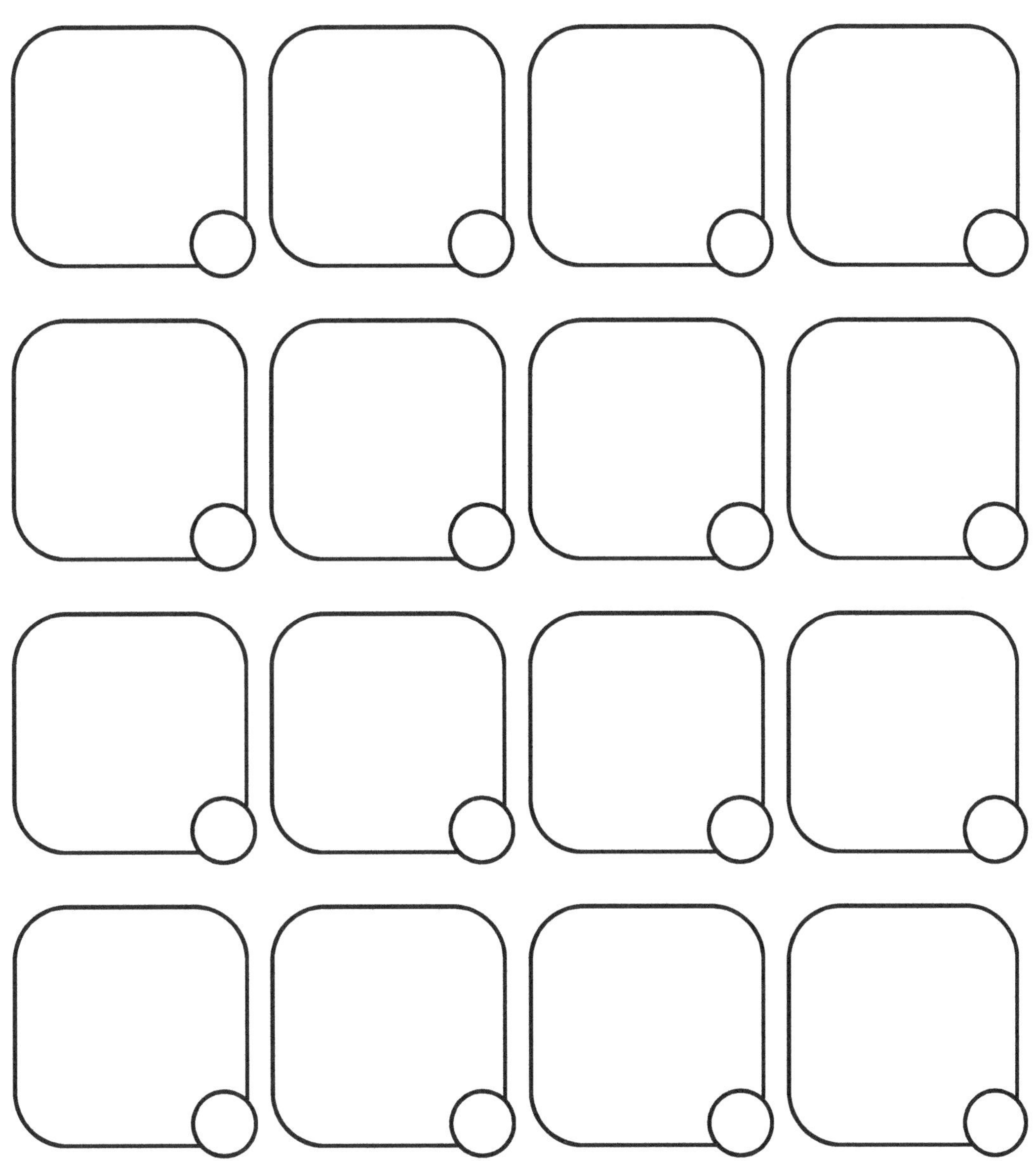